蘇步青与平阳

纪念苏步青诞辰一百二十周年

罗祖雄——编著

平阳县社会科学学术著作
出版资金资助出版

文匯出版社

思 乡

梦里家山几十春，寄将瘦影问乡亲。

何时共赏卧牛月，袖拂东西南北尘。

苏步青
一九七一年

苏步青

（1902—2003）

我的家乡是浙江最南边平阳县的山区，尽管它是穷乡僻壤，从来没有听说出过什么大人物，但是我却非常怀念它，无论走到哪里还是想着它。——苏步青

苏步青简介

苏步青（1902—2003），一九〇二年九月出生于浙江省平阳县腾蛟镇带溪村。一九一九年苏步青中学毕业后赴日本留学。一九二〇至一九二四年在日本东京高等工业专科学校电机系学习。一九二七年毕业于日本东北帝国大学数学系，后入该校研究生院，一九三一年毕业获理学博士学位。同年三月回国，先后任浙江大学理学院数学系副教授、教授、系主任，浙江大学训导长。一九四一年后任中央研究院研究员、院士兼学术委员会常委，《中国数学会学报》主编。一九四九年五月杭州解放后，任浙江大学数学系教授、浙江大学教务长，并主持筹建中国科学院数学研究所的工作。一九五二年全国高等院校院系调整后，任复旦大学数学系教授、教务长。一九五五年后任中国科学院学部委员（院士）、复旦大学副校长。一九五九年加入中国共产党。一九六〇年三月任中国数学会副理事长。一九七八年后任复旦大学校长、数学研究所所长，复旦大学名誉校长，《数学年刊》主编，国务院学位委员会委员。

苏步青是蜚声海内外的杰出数学家和具有崇高师德的教育家。他从事微分几何、计算几何的研究和教学七十余载，学风严谨，硕果累累，在国内外发表数学论文一百六十八篇，出版专著和教材十多部。他创立了国际公认的浙江大学微分几何学派；他对“K展空间”几何学和射影曲线的研究，荣获一九五六年国家自然科学奖；他开展的计算几何在航空、造船、汽车制造等方面的应用研究成果，先后获一九七八年全国科学大会奖，一九八五年、一九八六年三机部和国家科技进步奖。一九九三年获日本政府二等瑞宝勋章。一九九八年获何梁何利基金科学与技术成就奖。二〇一九年十一月，经国际小行星命名委员会批准，将中国科学院紫金山天文台二〇〇八年二月二十九日发现的、国际编号为297161号的小行星，正式命名为“苏步青星”。

苏步青坚持科研与教学相结合，十分注重教书育人，把自己的毕生精力无私地奉献给了人民的教育事业，为祖国培养了一代又一代数学人才，著名数学家谷超豪、胡和生（女）、杨忠道、白正国等均出自其门下，他的学生中有八位是中科院院士。

苏步青是第七届上海市人大常委会副主任，政协第五届上海市委员会副主席。历任民盟第四、五、六届上海市委员会副主任委员，民盟第四、五届中央委员会副主席，民盟第一、二、三届中央参议委员会主任，民盟第八、九届中央委员会名誉主席。曾任上海市对外文化交流协会会长，中国对外友好协会上海分会会长、名誉会长；中国科学技术协会名誉委员，全国人大教育科学文化卫生委员会副主任委员；第二、三、七届全国人大代表，第五、六届全国人大常委会委员，第二届全国政协委员，第七、八届全国政协副主席。

苏步青故居一

苏步青故居二

一九八七年九月，苏步青在平阳县中心小学，喜看《卧牛山谣》碑。右起为白植俊、苏步青、林声足、杨须友

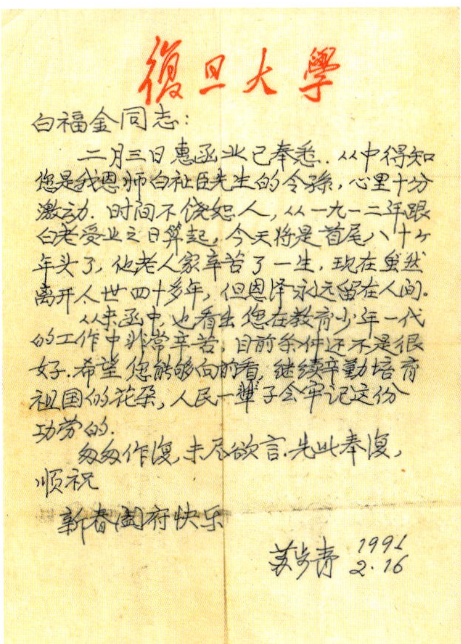

復旦大學

白福金同志：

二月三日惠函业已奉悉。从中得知您是我恩师白松臣先生的令孙，心里十分激动。时间不饶恕人，从一九一二年跟白老受业之日算起，今天将是首尾八十个年头了，他老人家辛苦了一生，现在虽然离开人世四十多年，但恩泽永远留在人间。

从来函中，也看出您在教育少年一代的工作中非常辛苦，目前条件还不是很好。希望您能够向前看，继续辛勤培育祖国的花朵，人民一辈子会牢记这份功劳的。

匆匆作復，未尽欲言。先此奉復，

顺祝

新春阖府快乐

苏步青 1991 2.16

一九九一年，写给白福金的信

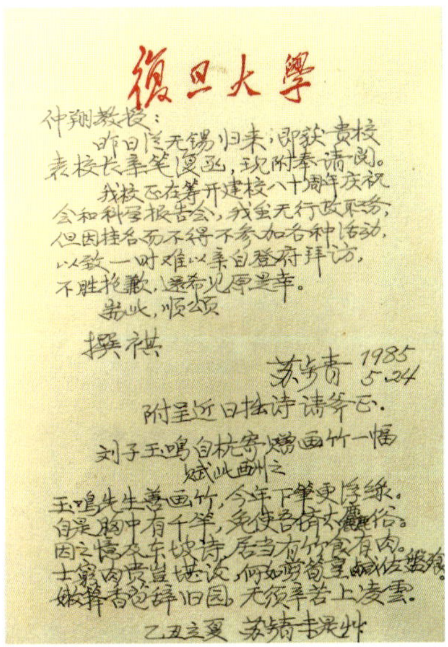

復旦大學

仲翔教授：

昨日從无锡归来，即获贵校袁校长亲笔復函，现附奉请阅。

我校正在筹开建校八十周年庆祝会和科学报告会，我虽无行政职务，但因挂名而不得不参加各种活动，以致一时难以亲自登府拜访，不胜抱歉，还希见原是幸。

耑此，顺颂

撰祺

苏步青 1985 5.24

附呈近日拙诗请斧正。

刘子玉鸣自杭寄赠画竹一幅赋此酬之

玉鸣先生善画竹，今年下笔更浮绿。
自是胸中有千竿，免使吾侪太庸俗。
因之忆及东坡诗，居当有竹食有肉。
士窮肉贵岂堪论，何如剪笋呈嫱佐盘餐。
嫩笋香飽辞旧园，无须辛苦上凌雲。

乙丑立夏 苏步青呈草

一九八五年，写给苏渊雷的信

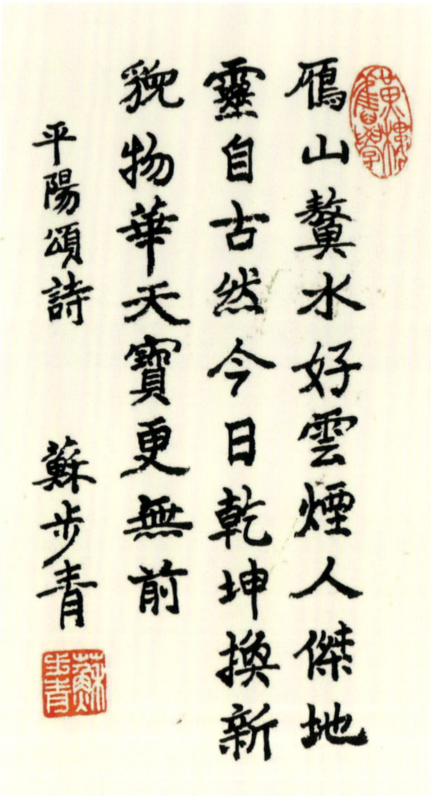

为《浙南古城——平阳》一书题写的《平阳颂诗》

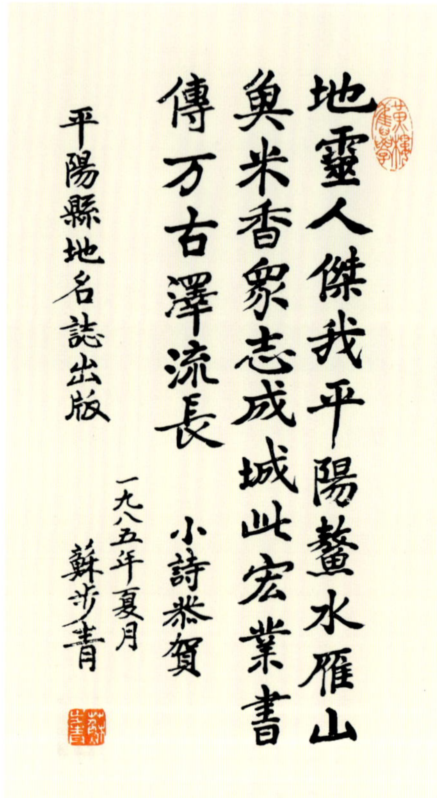

一九八五年，诗贺平阳县地名志出版

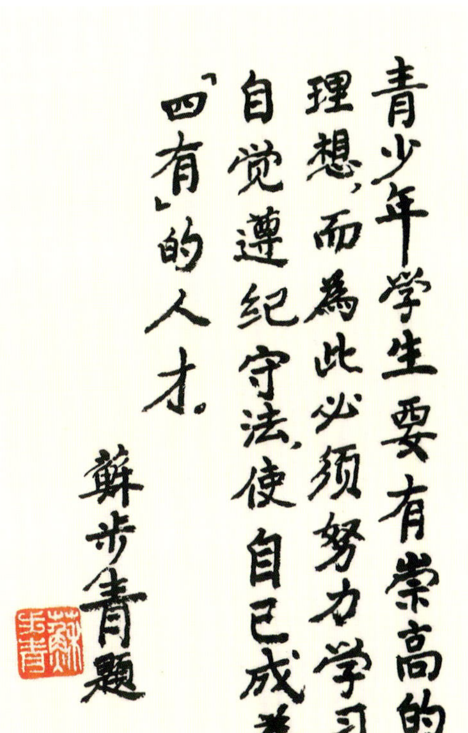

给平阳县中小学生的题词

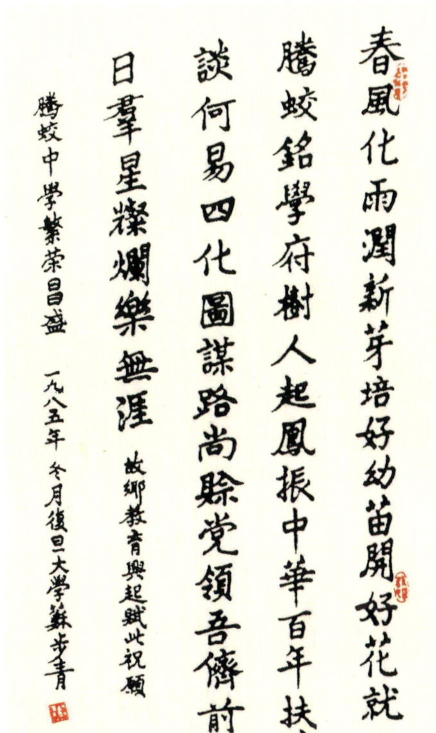

一九八五年，给腾蛟中学（现腾蛟一中）的题诗

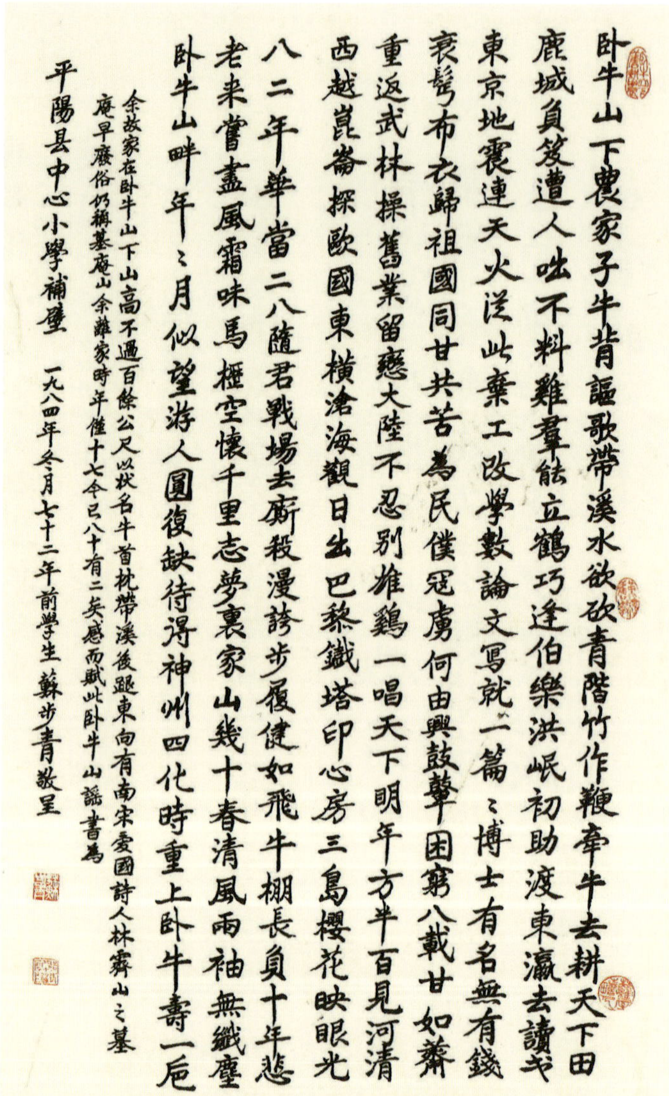

一九八四年，为平阳县中心小学题赠《卧牛山谣》

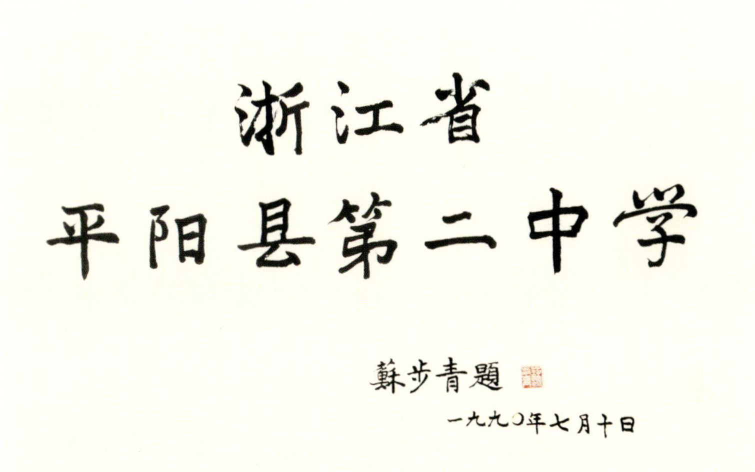

一九九〇年，给平阳县第二中学题写校名。平阳县第二中学黄峰提供

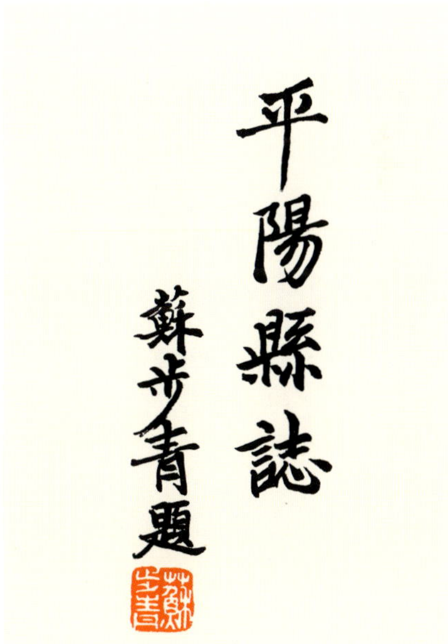

一九九三年，给《平阳县志》题签

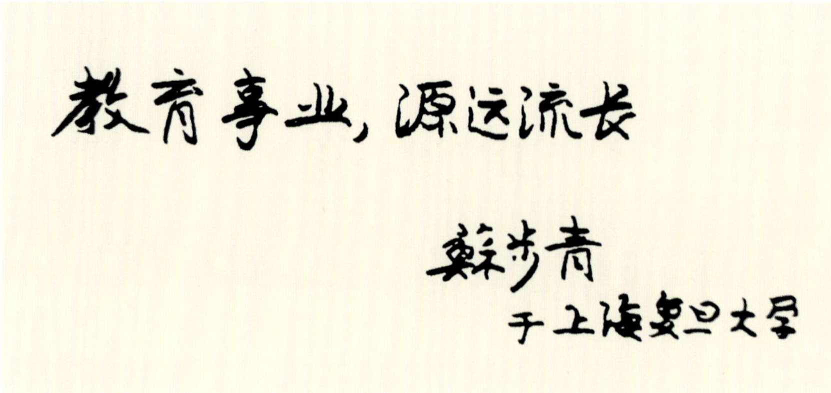

一九九四年十一月九日，给《平阳县教育志》编纂组的题词

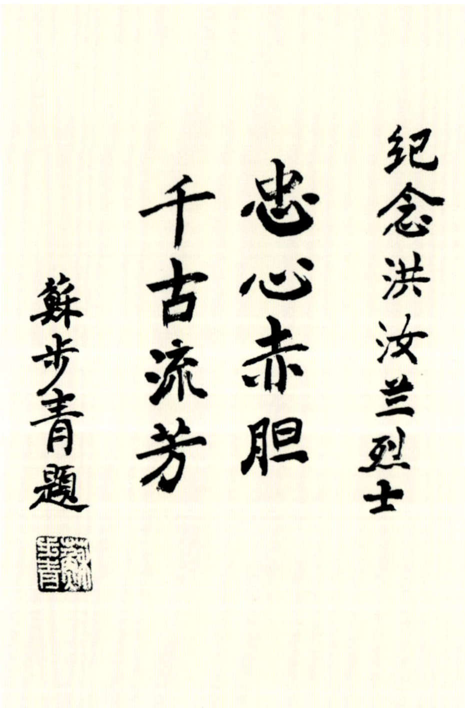

一九九三年四月，为洪汝兰烈士题词

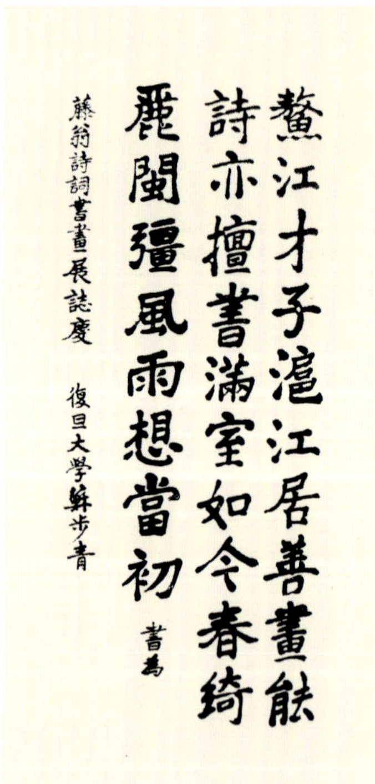

为王卉诗词书画作品展撰写书法作品

序　一

黄　勇

辛丑之夏，故乡浙江省平阳县文广旅体局罗祖雄乡友来电，邀我为其编写的书稿《苏步青与平阳》作序。翌日，又接到平阳县原教委副主任张文先生来电，嘱我为此书作序。身为平阳人，倍感荣幸，何以能辞？只是有点惶惶，惟恐有违书主。

我生于平阳县腾蛟镇，与苏步青先生是真正的晚辈同乡，少年时代便知本地出了一个大数学家。那时，只仰其名，未见其人。直至上世纪九十年代初，有幸与在京工作的平阳腾蛟同乡周瑞金先生、苏尚尧夫妇相约，同往酒店拜访来京参加全国政协会议的苏步青先生，才第一次也是唯一一次见到了苏老本人。久仰初逢，如沐春风，高山仰止，终身难忘。

《苏步青与平阳》一书，全面描述了苏老一生的不凡历程、辉煌成就和崇高精神。尤其是，浓墨重彩地描述了苏老一生与故乡的密切联系与乡思乡情，读来令人感慨系之，那一幕幕情景、一个个故事，仿佛就在眼前，是那样的亲切感人。他留给后人的精神财富，不仅仅是他的数学教育科研成就，更有他宝贵的教育思想和爱国精神！

此书有两个突出的特点：一是通过一个个真实、生动的故事，向人们讲述了苏步青先生是如何从一个故乡的牧童，通过长期的勤学苦读和不懈奋斗，抓住人生的一个个机遇，在极其艰难的历史环境中，将自己磨练成为精通七国语言、在微分几何和射影曲线论方面取得杰出成就，并创立“浙大学派”、培养了一批优秀数学人才的蜚声中外的著名大数学家、院士，同时以其深厚的文史功底，长期坚持古典近体诗词创作，抒发自己的爱国爱乡和科学报国的高尚情怀，留下了数百首脍炙人口的诗词，成为罕见的科学家诗人。苏先生以其杰出成就和崇高声望而赢得人民的信任，受到党和国家的重视，先后被推选为上海市人大常委会副主任、中国民盟中央副主席、全国人大代表和人大常委会委员、全国政协副主席。二是此书以一个个真实、生动的事例，记录和披露了苏老在漫长的岁月里，极尽关心和支持故乡的教育事业发展及青少年的成长之能事，保持同故乡的亲属和晚辈的亲情联系，同故乡方方面面人士的密切交往和友谊，以及创作大量抒发乡思乡愁的诗词佳作。这一部分的内容，对于我这样一个同样生长于腾蛟、同样少小离乡半个多世纪、同样喜爱古典近体诗词创作和欣赏的同乡人，可谓感同身受、刻骨铭心！

故乡平阳和腾蛟，因为出了苏步青这样的杰出人物，而熠熠生辉！我衷心期待，《苏步青与平阳》这本书，能给故乡的青少年朋友打开一扇通往成才之路的窗口，激励故乡的一代代学子，能够以苏先生为榜样，踏着先辈的足迹，立大志，树雄心，不懈奋斗，不断进取，不负时代，不辱使命，自觉锤炼，自觉成才，积极投身于新时代的伟大洪流，为祖国的强盛和民族的振兴，做出无愧于人民和时代的贡献！

二〇二二年二月十八日于北京

（作者为原国家广播电影电视总局副总编辑、总局发展研究中心主任，二级研究员。）

序 二

王扎艇

人的一生是短暂的、有限的，但是一生中，能为国家、为人民献身于科学、教育事业，这一光辉业绩则是永恒的、无限的，将永远驻留在人民心中。苏步青就是这样一个伟大的人。

苏步青是我国近代数学的奠基者之一，专长微分几何；又是一位教育家，对我国教育事业做出了重要贡献，桃李满天下；还是一位享有盛誉的社会活动家，积极参政议政，关心统战工作和对外文化交流工作。他业余兴趣广泛，酷爱文学，创作了大量诗词，表达丰富的感情世界。

苏步青的教育兴国之志、科学强国之路，集中代表了他对祖国对家乡的赤诚，对真理对幸福的追求，对美好未来的憧憬，是平阳人民共同的精神财富。我们学习、弘扬苏步青的人文情操和道德风范，旨在促进历史文脉传承，切实增强平阳人民的文化归属感和自豪感，进一步激发、凝聚人们建设新平阳的热情和力量。

“风范与卓识齐仰，贤德共高寿俱望。”二〇二二年是苏步青一百二十周年诞辰，作为大师的故乡，平阳将出版《苏步青与平阳》一书，这是颂扬苏步青丰功伟绩，激励广大人民群众爱国爱乡，投身中华民族复兴大业的生动范本。该书材料翔实，文字生动，感情真挚，在多个方面展现了苏步青与平阳的深厚情缘，是一本优秀的乡土励志教材，尤为适合广大青少年阅读，对教育后代具有十分重大的现实意义。

本书作者利用五年多时间广泛收集苏步青先生有关资料，并加以分门别类，在已出版的苏步青传记、文集等专著的基础上，提出自己的新发现和新观点，实属难得。希望并相信今后会有更多的有识之士关心这方面的问题，取得新的研究成果和开展有益的讨论，给广大的青年读者以更多的教益。

长江后浪推前浪，江山代有人才出。该书的问世，必将为我县打造文化高地，凸显文化高峰起到引领示范作用，激励我县涌现出更多更接地气的精品之作。我怀着对乡贤苏步青深切缅怀、万分崇敬的心情，勉草此序，聊以表达景仰之情于万一云耳。是为序。

（作者为原平阳县文化和广电旅游体育局局长。）

目　录

第三章 弦歌声里尽余微

第四章 窗外雁阵笔底诗

第五章 乡音未改鬓毛衰

第六章 何时归看雁山云

第七章 可惜相思写不尽

附 录

苏步青与平阳

平阳位处东瓯之隅，乃千年古邑。这里山川秀丽，人杰地灵，钟灵毓秀，人文鼎盛，曾出了许多文人名士，苏步青就是其中杰出的代表。

平阳被誉为“数学家之乡”，姜立夫、苏步青、白正国、杨忠道、黄庆澄、李锐夫等数学大师都是平阳人。苏步青则是从平阳升起的最灿烂的国际数学巨星，是“东方第一个几何学家”。

苏步青是平阳县腾蛟镇带溪人。曾任复旦大学校长、全国政协副主席。他是平阳有史以来荣为国家领导人的第一人。他既是东方数学泰斗，又是教育家和诗人。他从事教学和科研长达七十个春秋，不仅为我国教育、科研事业培养出大批人才，而且为弘扬祖国优秀传统文化、讴歌党和社会主义事业都做出杰出的贡献。

苏步青从小努力学习，发奋读书，刻苦钻研，是当今学子学习的榜样。他严以律己，待人宽厚，生活俭朴，他高尚的道德和严谨的治学精神无愧为知识分子的楷模。他热爱家乡，对平阳的经济建设、社会发展、文化教育，都是十分关心，他常说只要对家乡有益的事，都乐于帮助。他自称“卧牛山下农家子”，就是他热爱家乡的明证。

第一章

卧牛山下觅奇踪

生在穷乡僻壤

父亲苏宗善先生（1928）

蜿蜒奔流的鳌江，源出秀丽的南雁荡山。这里丘陵起伏，溪流纵横，林木丰茂；满目绿色层层叠叠，不同于江南水乡那种平畴千里，而给人一种错落有致的立体感。地处鳌江岸边的平阳县最偏远的腾蛟镇，有一座小山峦，远远望去，犹如一头躺卧的大水牛，因而得名卧牛山。山上长林丰草，松篁交翠，秋风一起，红叶如染。山的左边有一条宛如白练的溪流从西北的山谷伸出，弯弯曲曲地向东南流去，溪底很浅，色彩斑斓的鹅卵石，在清澈的溪水中绽放出一朵朵小浪花，美丽极了。

带溪村就在这条大溪的环抱之中，村里居住着早年从闽南一带迁来的、讲闽南话的村民，他们在风俗习惯上仍保留着一些闽南色彩。

苏宗善一家就住在这个村子里。苏氏始祖怀泉公，原籍福建同安，明万历年间为避倭乱，偕堂兄弟十三人离闽徙浙，初居瑞安陶山，继又独自

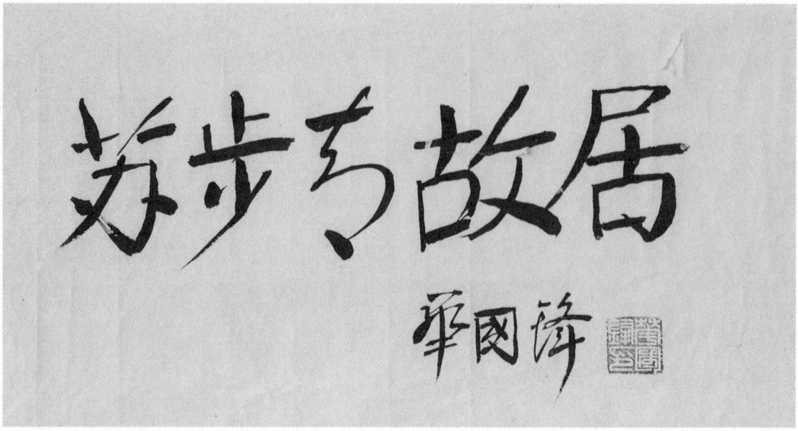

华国锋题苏步青故居条幅

携眷迁居平阳，定居腾蛟鼎溪。后怀泉公五子分五房分居各处，其中长房与二房居腾蛟带溪边。

带溪两岸修竹茂林，土地肥沃，在这灵山秀水间，苏氏子民男耕女织，安居乐业，一代一代繁衍。苏宗善祖上几代务农，只落下几间平屋和四亩薄田。苏宗善十岁下田，泥里水里苦熬了三十个寒暑，只能勉强糊口，房子也没能翻新。由于长年在水田里干活，落下了风湿性关节炎，每逢雨天，关节骨头就会十分疼痛。孩子死的死，送的送，养不活啊！苏宗善一想到这些，就觉得心里空荡荡的。看来，在自己手上是发家无望了。

光绪二十八年，也就是一九〇二年，这年十月二十四日戌时，苏宗善的第十三个孩子降生了。“是个男孩！”人们在孩子呱呱的啼哭声里欢呼。父亲当天就给他取了名字，叫尚龙。闽南话“龙”“良”音相近，也叫尚良，后改名步青，希望他日后平步青云，光宗耀祖。

苏步青故居原为祖上留下的五间木结构平房，建于一九〇七年。二十世纪四十年代，其兄苏步皋在东首续建两间，并建鱼池、花坛等设施。前庭广阔，后院深幽，是一座典型的浙南乡土建筑，现为省级爱国主义教育基地、省级文物保护单位、温州市首批市级廉政文化教育基地。总建筑面积二百九十五平方米，占地面积三千二百四十五平方米，苏氏亲兄弟步皋、步青在此生活起居。后院有一口井，水清如镜，冬暖夏凉。苏步青两兄弟事业有成后，人皆称此井为“聪明井”，喝了井水数学特别好。此说并非糊弄人而是一种自豪感，滋养出个“数学王”苏步青的井水一定是好水。

乡亲们都说这里风水好，前有流水生财的带溪水，后有流芳百世的青芝山（即卧牛山）。庭院四面围墙，门台上有“苏步青故居”五个字金光闪闪，乃华国锋同志之手笔。正间是厅堂，一块“颐龄寿诞”的木匾高悬，这是苏氏宗亲为庆贺苏步青百岁寿诞而立。匾下长条桌上，按当地风俗摆放着由苏步青八个儿子奉祀的牌位，匾右是苏步青的大哥苏步皋与其夫人的遗像，匾左是苏步青两个夫人——马伯华和松本米子的遗像，厅两边还陈列一些名人向苏氏昆仲（步皋、步青两兄弟）赠送的大匾。一九八六年平阳县人民政府将故居部分房屋收回国有后，县府、腾蛟镇政府对其进行维修，并安排专人进行日常管理。东侧三间辟为陈列室，对外展示苏步青的光荣事迹。院落中设有苏步青铜像，让大家高山仰止。

故居院落开敞，古木参天。据苏步青女儿素丽回忆：“过去老家院子里有十三种果树：枇把、樱桃、香柚及柑橘、梨、桃、梅等。最神奇的是厝边有一棵高大的枝茂叶盛的榕树与枇杷合抱树，传说是父亲儿时亲手所栽。村民说这棵树是风水树，苏家子嗣贤孝、名人辈出，与这棵年年结硕果的奇树有关。不可思议的是，苏步青逝世那年，这棵共生树不但不结枇杷，而且突然枝叶萎蔫差点枯死。”

这卧牛山不仅风水好，也是人文胜迹荟萃之地。在离苏步青故居不远处，便是棋王碑林，它坐落在卧牛山南麓，占地一千八百平方米。碑林共竖碑六十块，分百岁寿诞、名人题赠、抗战时期、友人题赠、自题五个部分，从一个侧面反映了百岁棋王谢侠逊一生的光辉业绩。整个碑林为园林式建筑，主碑是江泽民同志在谢侠逊百岁寿诞时的题词及周恩来同志在重庆与谢侠逊对弈的“共抒国难”残局。中国书法家协会常务理事、原人民日报社长邵华泽为碑林题名，原人民日报副总编、腾蛟人周瑞金撰写碑林题记，近代名流梁启超、章士钊、李济深、冯玉祥、李宗仁、孙科、张治中等六十余人留迹其中。

林景熙墓也位于卧牛山上。离棋王碑林仅有百米之遥，砖式结构，碑刻有“南宋忠义林霁山先生之墓”，系清乾隆十二年（1747）邑令徐恕题。一九八三年，林景熙墓被平阳县人民政府列为首批县级文物保护单位，并分别于一九八七年和一九九一年，由政府和当地群众筹集资金，在墓前修筑“仰霁亭”和“霁山碑林”。仰霁亭作八桩三间，仿宋亭阁式石木建筑，亭匾“仰霁亭”三字为原全国政协副主席赵朴初所题。亭中诗碑正面刻有林景熙代表作《冬青花》，张鹏翼书；背面刻有《仰霁亭碑记》，苏渊雷撰书；石柱上刻有名家书写的楹联多副。刘海粟、沙孟海、方去疾、陆俨少等一大批书画大家都在这里留下了珍贵的墨宝。

再接上述，回到苏步青的童年。苏步青父亲苏宗善读过三年私塾，识得一些字，还会写一手漂亮的毛笔字，替村里人写些春联，平时还会看风水。母亲林氏，虽然不识字，但很聪慧、机灵，养猪、织布、种菜样样行。她的记性特别好，村里人家的女儿出嫁，要写年甲，做母亲的却忘记了女儿的生日，就得去问她。母亲前后生育了十女三男，但由于贫困，夭折了八女一男。苏步青排行第十三——最小。当同龄的儿童一个个背起书包上学的时候，苏步青接到的是一根放牛的鞭子。他头戴一顶爸爸编的竹笠，身穿一件妈妈缝的粗布背心赤脚跨上牛背，鞭子一扬，来到卧牛山下、带溪岸边。老水牛不把这个又矮又小的放牛娃放在眼里，又跑又跳，把他狠狠地摔在一片刚砍过的竹丛里。地上的竹茬一支支像朝天的利箭，又硬又尖，掉在上面，无疑会从前胸穿透到后背。还算幸运，他被抛在两根竹茬之间，才避免了一场灾难。从此，他虽然天天放牛，却再也不敢骑牛。牛马同类，他见了马也望而生畏，从不敢骑。

坎坷求学路

苏步青逐渐长大了，平时常跟着父亲干活，割草、喂猪、上山砍柴、下田耘草。山村孩子有一个快乐的世界，这就是大自然。苏步青很喜欢到溪里捉鱼、摸毛蟹、捞虾，在庭院的草丛里抓蟋蟀；有时找小伙伴在草坪上做老鹰抓小鸡等游戏。夏天烈日下，他光着头用竹竿网上蜘蛛丝，到大树下粘鸣蝉，在溪边罩蜻蜓；夜里迎着清风，爬树捕鸟，到山边捉萤火虫，玩得不亦乐乎！

一次放牛回来，路过村里私塾，见一群放牛娃围在门口看热闹，他也凑上去看看。原来是秀才先生正在开讲“苏老泉，二十七，始发愤，读书籍”。先生放开喉咙，大声朗读。学生们跟着老师嗡嗡地读着，苏步青从门缝里听说姓苏的发愤读书，一阵高兴，情不自禁地跟着念出声来。

从此放牛回来，苏步青就翻起大人们读过的《三字经》《千家诗》《百家姓》和父亲看风水的书来。父亲看到他那么喜欢读书认字，就在桌面上蘸水写起来：山、水、田、土……一张小方桌，一盏菜油灯，一本风水书，苏步青就这样开始了启蒙教育。

两年过去了。一九〇九年，苏步青父母亲觉得这样写写画画不是个办法，他们也晓得“万般皆下品，唯有读书高”“学而优则仕”的道理。

他们认为家境再穷，也得让孩子们读书，不过，他们不指望后代读了书能升官发财，只希望子女有出息，好为地方做事。于是苏宗善找到自己的伯父，让苏步青到他开设的进化小学堂念书。这个学堂由苏氏族长苏祖述创办于光绪三十二年（1906），堂址设在腾带村“六亩区”东边，“苏州门屋”西边的“后面垟”。宣统二年（1910），学堂迁至腾溪村沟尾三桐头，即苏祖甜房子（苏尚虎老厝），后改为私塾。授业老师白祉臣（1874—1949），字锡祥，号福庚，平阳腾蛟镇岭门村人，曾在清末的最后一次县试中考取第十名生员，堪称平阳县北港地区的名儒之一。应苏氏族长之邀，他到今腾蛟镇腾带村的苏氏宗祠设馆授课，学生十几人。经过商讨，苏步青学费是每月两升米、一捆柴，另外还得替授课先生烧饭。当时的灶头很高，苏步青够不着，只好搬张小板凳垫在脚下，勉强帮着烧饭。从此，苏步青白天念私塾，晚上自己读书。尽管私塾常常停学，但多少总有些进步。有一天，苏步青看到村头老叔公有一本残缺的《三国演义》，便向他要来看，连猜带认，还懂个大概。

可是不久，先生因教书难以糊口，另寻出路去了。（苏步青著《神奇的符号》）

听说离家三十多里的南雁风景区，在半山腰办起了会文书院，这里环境优美、清静，是读书的好地方，父母亲就送苏步青前去读书。据平阳文史专家陈彤考证：苏步青于宣统三年（1911）在会文书院就读，受教于谢逵鸿先生。这个书院没有住宿，中餐也要自己带。读书时只得寄住在距书院二十多里处的姐姐家里，吃的是姐姐省下来的白米拌番薯丝。苏步青在会文书院只读了两个月，便将几本古文背得滚瓜烂熟，为他古典文学功底打下了基础。同时也得益于苏宗善对步青两兄弟严格的教育。据苏步青回忆：“每天晚上父亲从田里劳动回来，吃过饭，就要查我们两兄弟的功课。有一次，步皋念不出，给父亲狠狠打了一顿，我见了很是害怕。我九岁那年，有一次，一个‘足’字我不会解释。母亲生怕父亲回来打我，就站在村口找人问字，可是站到天黑，问了许多人，还是没人能解释这个字。幸而这天晚上我没挨打，也没挨骂。”

宣统三年（1911）三月，父亲挑上一担米当学费，怀里揣着路上充饥的糠菜团子和给儿子的几个鸡蛋，苏步青穿着母亲半夜灯下缝好的衣服，两人走了一百多里山路，踏进了当时全县唯一的国立高等小学（现今平阳县中心小学），成为一名三年级的插班生。

县城高小是平阳县的“最高学府”，来读书的大多是有钱人家的孩子。他们衣着讲究，神气十足。苏步青回忆说“我那时长得又矮又小，头发乱蓬蓬的，脸又黑又黄，一些富人子弟见到我，不是避开，就是躲在边上笑我”（苏步青《神奇的符号》）。有的同学还取笑他的名字：“穷光蛋还想上青天。”宿舍里的同学甚至说他蚊帐打了几十个补丁，不配和他们住在一起，“悄悄地跟管楼的先生通气，把我从寝室里赶出去，让我把床搭到二楼的楼梯口”（苏步青《神奇的符号》）。夜里，穿堂风吹得门环叮当响，苏步青又伤心又害怕，拿被子蒙住头睡觉，一翻身，顺着楼梯滚到了楼下，摔得鼻青脸肿。

远离家乡，得不到父母的温暖，又失去和小同伴在一起的欢乐，学习的课程，因插班，以前未学过算术，丈二和尚——根本摸不着头脑，再加上老师讲课说的是温州话，不是闽南话（苏步青家乡是讲闽南话），“言语不通，使我像个傻瓜”，这使他尝到了那种“如生枇杷一般酸涩的滋味”（苏步青《神奇的符号》）。他感到孤单，只能另找乐趣。于是常常溜出校门去逛街，对于山沟里的放牛娃来说，县城街坊的繁华景象让他感到新奇。结果，老师课堂上布置的作业他完不成，老师提出的问题答不出，还时常迟到、旷课，于是苏步青就经常受训、“立壁角”。

“立壁角”是南方话，就是罚站的意思。其他学生都坐着上课，有错误的学生一个人站在角落里，下课也不许走动，直站得两腿发酸发麻，恨不得一屁股坐到地上去。同时，又让受罚者感受到别人自由的可贵，让他羡慕、羞愧和反省。这是旧时私塾学堂常用的一种体罚形式。

对一个调皮好动的男孩来说，连续站几个小时可不是件轻松的事情，他觉得浑身像被捆住了一样，窒息烦躁。可是过后很快就忘掉痛苦，结果还不到两天，又故态复萌。久而久之，“我倒练就了一副‘立壁角’的本领，脸不红，心不慌，泰然而立，悠闲自在，有时还趁老师不注意，擅自走动走动。可见小时候我也很调皮”（苏步青《神奇的符号》）。直至有一天，老师当众宣布了一条“禁令”：不准苏步青出校门！

不能看到大街上各种有趣的事了，这着实令苏步青苦恼了一阵子，不过他是个善于寻找乐趣的人，不久他就对学校里烧水的老虎灶发生了兴趣。竟想出个新鲜的花招，拿个鲜鸡蛋凿了个洞，丢进老虎灶上的大锅里，看着蛋清蛋黄流出来，在气泡连串的、翻滚的开水里凝结成蛋花，真是好玩！烧水师傅气得眼睛都瞪圆了，教训了他一顿。就这样时光浑浑噩噩地过去了三个学期，到了期末考试都勉强及格，在班里三十二人中，成绩连续得了“背榜”，也就是全班最后一名。当时学校每学期考试成绩都张榜公布，最后一名像把前面所有的人都背在背上，故称“背榜”。这么差的成绩拿回去，父母连声叹气。老师把苏宗善请到学校来，劝说道：“这孩子读不好书，还是让他学种田吧，一年还能省下两担米。”

父亲对苏步青寄托殷切的期望，而且相信管教得好，儿子一定会学好的。一九一二年，离带溪村七八公里的水头镇刚好办起一所小学——平阳县立第一高等小学（现为水头镇一小）。同年三月，父亲就把苏步青转学到这所小学。苏步青在这里读了两年，直到高小毕业。这两年是他永远难忘、值得回忆的时光，因为广为流传的“从‘背榜’到‘头榜’”的故事就发生在这个时期。

刚到这里时，苏步青积习难改，他仍然不爱读书，爱耍贪玩，还因国文老师的偏见和质疑，使其自尊心受创，一个学期下来，他又得了个“背榜”。

苏步青自传里说，有一件事给他留下了终生难忘的记忆：小时候，他读了不少古典名著，喜欢仿照名著笔法写作。教国文的谢老师怀疑他作文抄袭，而且不容他声辩。谢老师的武断，导致生性倔强的苏步青学习情绪恶化，尤其是学国文的兴趣，一下子降到了冰点。上国文课他最反感，上课时，常把头扭到一边，以示抗议。

当然，学校的老师并不都像教国文的谢老师那样难以亲近。在苏步青的记忆中，十一岁时，自己还有一位被称为恩师的白祉臣先生。从他一九九一年二月十六日给其孙白福金的信件中，我们不难感受到苏步青对老师的敬重和感激：

白福金同志：

二月三日惠函业已奉悉，从中得知您是我恩师白祉臣的令孙，心里十分激动。时间不饶人，从一九一二年跟白老受业之日算起，今天将是首尾八十个年头了，他老人家辛苦了一生，现在虽然离开人世四十多年，但恩泽永远留在人间。

从来函中，也看出您在教育少年一代的工作中非常辛苦，目前条件还不是很好。希望您能够向前看，继续辛勤培育祖国的花朵，人民一辈子会牢记这份功劳的。

匆匆作复，未尽欲言。先此奉复，顺祝

新春阖府快乐

苏步青

一九九一年二月十六日

从“背榜”到“头榜”

如果苏步青没有遇到陈玉峰，也许他的求学生涯将一直混下去，也许腾蛟镇会多一个农家汉，世界也将错失一位伟大的数学家。

五年级下学期，学校新来了一位地理老师，他就是令苏步青“脱胎换骨”的陈玉峰。他五十多岁，身材矮小，脸又黄又瘦。第一堂地理课，他在黑板上挂出一幅世界地图，向学生介绍七大洲、四大洋，名山大川，还有英、法、美等国的地理位置。苏步青每次在课堂上周游世界，兴奋得眼睛都不眨一下。

世界之大观，宇宙之奇妙，远胜过小镇上的街景和老虎灶的鸡蛋。苏步青迷上了地理课，迷上了对他没完没了地东问西问毫不厌烦的陈玉峰老师。有一次，上国文课时，苏步青逃课被陈玉峰发觉了。“文章好坏，不是哪位老师可以决定的。个人的前途，要靠自己去争取。”陈玉峰沿着苏步青的思路循循善诱开导他。接着，陈玉峰趁热打铁说道，“你的父母在家里吃番薯丝，省吃俭用，你父年已半百，每学期都挑着省下来的米，供你读书，你倒是年年‘背榜’，对得起父母吗？不读书，以后目不识丁，怎能有出息呢？”陈玉峰的一席话儿像鼓槌一样，敲打着苏步青纯朴的心灵，他眼泪扑簌簌地落了下来。陈老师还给苏步青讲起故事：“牛顿十二岁的时候，从农村小学转到城里念书，成绩不好，同学们都瞧不起他。有一次，一个同学蛮横无理地欺负他，一脚踢在他的肚子上。他疼得直打滚。那个同学身体比他棒，功课比他好，牛顿平时很怕他。但这时忍无可忍，跳起来还击，把那个同学逼到墙角，揿在墙上。那同学见牛顿发起怒来如此勇猛，只好屈服。牛顿从这件事想到做学问的道理也不过如此：只要下决心，就能把它制服。他发愤图强，努力学习，不久成绩就跃居全班第一，后来成了一个伟大的科学家。”陈老师还鼓励苏步青说，“你很聪明，肯动脑筋，爱读书，能吃苦，只要你像牛顿那样，一定能变‘背榜’为‘头榜’，也可以成为科学家。”陈老师亲切和蔼的一席话，使苏步青的心灵深深震颤。他对以往的行为感到愧悔，立志向牛顿学习。从此苏步青像变了一个人似的，终于国文课成绩上去了，别人读一遍就会的，他就读三遍、五遍。算术做习题，别人做十道，他做三十、五十道。别人只读课本，他还挤出时间阅读课外读物。为了看懂《东周列国志》，他步行几十里山路向人家借来《康熙字典》，遇到难字生词，他总要逐个查阅，力求看懂、弄通，绝不囫囵吞枣。这期间，苏步青不但学习勤勉，而且养成良好习惯。每晚十一时睡觉，早上五时起床，严寒季节也是这样。后来，作业本上“优”越来越多。平时苏步青还帮父亲算账，帮村里人看信、写信，再加上三个学期都考了“头榜”，再也没人看不起苏步青了。陈玉峰恩师的指点，使苏步青开始起飞了，终于与全班、全校顺数第一名结下不解之缘，从小学高级部到大学研究生院，从来没有让第一名旁落过。在漫长而坎坷的生涯中，每当拾级而上一步，他就想起陈老师，到了晚年，苏步青经常同子女谈起四位老师对他的爱护、引导和培养，念念不忘这些老师的恩情。常说：“陈老师的一席话，可以说是我人生的一个转折点。”“没有陈玉峰老师的引导和培养，我很难有今天这样的学术成就，真是终生难忘啊！”

恩师陈玉峰的故事

苏步青的恩师陈玉峰(1877—1949)

老师的关怀和鼓励，往往能影响学生的一生。陈玉峰对苏步青的启蒙教育有着不可替代的作用，他是苏步青从山里走向世界的第一位引路人，也是被写入苏步青传记中的第一位恩师。

陈玉峰，南湖人，光绪三年（1877）出生。光绪二十七年（1901）参加科举县试，考取第二名，为庠生，即秀才。其时有识爱国之士纷纷主张废科举、兴学校，清廷不得不于光绪三十一年（1905）停止所有乡会试，废除了科举制度。此后，陈玉峰到杭州学堂求学。毕业后四方任教。从此，开始了长达三十多年的教学生涯。陈先生学识渊博，擅长文学和地理，为国家培养了一大批人才，除了苏步青，还有南京大学一级教授林维安、黄昌树，世界著名竹类专家林维治等。

从事乡梓的教育事业是陈玉峰一生中的一项主要活动。南湖地处半山区，教育事业十分落后，全乡没有一所小学。因此，陈玉峰在光绪三十五年（1909）多方邀集当地士绅筹募二百余金，二十多亩学田，借宫庙创办了南湖第一所小学——湖滨小学，使本乡儿童能就近入学。到一九四三年止，陈玉峰曾两度担任该校校长，共任职十九年。在任职期间为了办好学校，不惜重金到处聘请优秀教师。每学期开学初，都亲自去动员农家子弟入学读书，并为少数贫穷子弟减免了学费。在学校经费发生困难时，自己不领薪水，还从家中挑来大米给住校老师合用，尽心尽力为乡梓教育事业贡献了毕生精力。

陈玉峰除从事教育事业之外，晚年还投身于慈善事业。曾担任平阳北港育婴分局的负责人，收养了一批又一批的弃婴，此外还兼管平阳北港南湖义仓。义仓的建立是为灾年赈济饥民之用。南湖四面环山，中央低洼，形成一小盆地，每年夏秋之间常有台风暴雨，泛滥成灾，大部分农田颗粒无收。在这种情况下，他报请县政府设立义仓，及时赈济灾民。

陈玉峰为人忠厚，生活俭朴，清茶淡饭，从不奢侈，不吸烟，不喝酒。而对劳苦群众却慷慨割舍，不论是挑柴的还是卖菜的，遇到吃饭时间都热情挽留，群众说陈玉峰的家是“山头人”的饭店。

陈玉峰是无党无派人士，但对国民党政府逮捕迫害、镇压共产党员和无辜群众却义愤填膺，晚年借县参议员的身份多方设法保护地下党和群众。有时暗地里通知即将被抓的对象逃走，使军警扑空；有时对已被捕的地下党员用自己的生命做担保，据理力争，直到其释放。在任职期间，据不完全统计，共担保了四十人左右，深受地下党的赞许和群众的好评。

一九四九年一月十九日半夜，陈玉峰炎症复发，经多方救治无效，不幸去世，享年七十三岁。

卧牛山谣凝真情

苏步青桑梓情深，对母校平阳县中心小学感念犹甚。一九八四年岁末，他以七十二年前学生的名义，饱含深情地给母校写了一首《卧牛山谣》。在这首山谣的引言里他写道："余故家在卧牛山下，山高不过百余公尺，以状名。牛首枕带溪后腿，东向有南宋爱国诗人林霁山之墓，庵早废，俗仍称墓庵山。余离家时年仅十七，今八十有二矣。感而赋此卧牛山谣，书为平阳县中心小学补壁。"

山谣道：

卧牛山下农家子，牛背讴歌带溪水，
欲砍青阶竹作鞭，牵牛去耕天下田。
鹿城负笈遭人咄，不料鸡群能立鹤，
巧逢伯乐洪岷初，助渡东瀛去读书。
东京地震连天火，从此弃工改学数，
论文写就一篇篇，博士有名无有钱。
衰鬓布衣归祖国，同甘共苦为民仆，
寇虏何由兴鼓鼙，困穷八载甘如荠。

重返武林操旧业，留恋大陆不忍别，
雄鸡一唱天下明，年方半百见河清。
西越昆仑探欧国，东横沧海观日出，
巴黎铁塔印心房，三岛樱花映眼光。
八二年华当二八，随君战场去厮杀，
漫夸步履健如飞，牛棚长负十年悲。
老来尝尽风霜味，马枥空怀千里志。
梦里家山几十春，清风两袖无纤尘。
卧牛山畔年年月，似望游人圆复缺。
待得神州四化时，重上卧牛寿一卮。

苏步青写这首山谣的目的是让母校补壁用的。没有想到，母校得到苏步青写的这首山谣之后，极为重视。苏步青曾在这里上过学，这也是他们永远的骄傲。这首山谣抒写了苏步青奋斗的光辉历程，他们激动地说："苏步青写的这首山谣对我们来说，真是宝贝呀！拿来补壁，实在太可惜了！"有教师提议说："这样的山谣可以用来刻碑，以此来激励各届的学生们。"

全校的老师们都赞成刻碑。此事上报县委，县委也非常地支持，于是给苏步青去信告知刻碑一事。苏步青回信说自己原意只是补壁的，没有想到刻碑。

之后，在与母校校长杨须友、黄宝珠的多次来往信函中，苏步青进一步阐述自己写谣的用意。在得知《卧牛山谣》已立碑之后，感激之余，又恳切希望当地领导不要花费国家经费，更不要宣扬他个人。

一九八五年二月十四日函示：

拙书《卧牛山谣》一帧，原来拟作为母校补壁之用，不料会被刻成碑文，使我既感且愧矣。对于标上"卧牛山谣碑"等字样，我没有意见。事已至此，一切务请从简，不要花费国家经费，更不宜宣扬我个人。我写此拙诗时，心中怀着几种目标：（一）一个穷苦的农家子弟只要发愤学习，加上像洪岷初老校长那样的“伯乐”援助，是可以成才的。（二）一个知识分子处在“春风得意马蹄疾”的环境下，千万不要忘记祖国；处在敌人侵略祖国的环境下，千万不要投靠敌人。（三）在解放前夕，坚持留在大陆，不跟国民党跑台湾。（四）解放以来，尤其是“文革”以后，千方百计地发挥老知识分子的作用，要基本做到“先当好党员，再当好教授”。话是这么说了，做到可不容易，写出来也不简单，处处有词不达意之嫌。跋文中，特为标出南宋爱国诗人林霁山，用意也在于此。

一九八五年十月十七日函：

县委、学校领导如此隆重地为了拙谣树碑立亭，使我这个老朽惭愧到不知道怎样表示感激才好。只有把余生之年献给党，献给人民，鞠躬尽瘁，死而后已耳。

一九八五年十一月十一日再致函：

拙作《卧牛山谣》辱承故乡党政领导如此重视，为树碑亭，举行万分隆重的落成和揭碑典礼，使我这个七十三年前的老学生惶恐之至。余生之年，不知道怎样力所能及地做出贡献才能报答党和人民对自己的恩情？！特此修函致谢，并请代向平阳县党政领导同志问好。

同年四月十八日，县小邀请副教导主任钟远波的爱人、平一中教师王振中，依据上文函示内容为《卧牛山谣》注释，现摘录如下：

“卧牛山下农家子，牛背讴歌带溪水，欲砍青阶竹作鞭，牵牛去耕天下田。”

——山野怡性，牧童乐学，少年心志，跃然纸上。默默卧牛山，悠悠带溪水。还是在那纯真无邪的孩童之时，苏步青就萌发了高远心志：用自己的聪明才智“去耕天下田”，为人类社会发展贡献力量。少年时的苏步青天资聪颖，勤奋好学。小溪边、牛背上，菜油灯下，蜡烛影里，晨曦初露，暮霭夕阳，随处可见他在开心投入地吟诵诗文、做算术、习书法、练对子。据他同辈人回忆，就是车水灌田，他也是边脚踩水车，一边靠在水车架上看书。这也与苏步青父亲严谨的教诲有关。在腾蛟，苏步青的家风严谨规正是出名的。据传苏步青在温中念书假期回家，家父管教极严，他必须赤脚走路，必须下地劳动。苏步青日后成为数学大师、学界泰斗，于少时则可见端倪。

“鹿城负笈遭人咄，不料鸡群能立鹤，巧逢伯乐洪岷初，助渡东瀛去读书。”

——千里马温中遇伯乐，璞玉得以琢大器。一九一五年，十三岁的苏步青以第一名的成绩考进浙江省立第十中学（今温州一中），享受到在校四年的学费、杂费、膳费全免的待遇。开始，他因作文优秀和对先秦历史知识熟悉，受到国文和历史老师鼓励，曾经憧憬当文学家和历史学家。二年级时，省立十中来了一位刚从东京留学归来的数学老师杨霁朝，杨老师不仅以生动活泼的数学课激发他探知数学迷宫的浓烈兴趣，更让他第一次懂得了科学救国实业兴国的道理。尤其是日本高等师范学校数学系毕业、时任温中校长的洪岷初（彦远），特别器重这位已被全校师生视为奇才的学生。他接替杨霁朝教苏步青的平面几何，自编讲义，讲课深入浅出，诲人不倦，成为苏步青最崇拜的恩师。洪校长精心筹划着苏步青的成长之路，并在赴教育部任职后特意寄来两百块大洋资助苏步青完成中学学业，终于促成苏步青在一九一九年秋东渡日本留学，潜心深造数学。四年的温中求学，整整八个学期均名列第一，此时的苏步青真可谓鹤立鸡群。他恰如璞玉经名师雕琢，已初显数学王子之异彩亮色。

“东京地震连天火，从此弃工改学数，论文写就一篇篇，博士有名无有钱。”

——留学日本，发愤攻读，成绩斐然，饮誉异国。一九二〇年年初，苏步青以第一名成绩考入东京高等工业学校电机系，其间遭遇一九二三年发生在日本关东地区的里氏7.9级特大地震。毕业后他不想就当一个电机工程师，而是继续迷恋数学王国的梦之旅，何况在工业学校时他就把大量时间都花在解析几何与微积分上。于是苏步青把目光投向了在世界上享有盛誉的仙台东北帝国大学数学系。一九二四年春，苏步青又是以第一名的成绩考入该名校，一时引起轰动。天遂人愿，心神舒爽，在“帝大”数学系，苏步青如鱼得水专心苦读，成绩斐然。在大学三年级时即用英文写成著名论文《一个定理的扩充》，发表于权威刊物《日本学士院纪事》，修正了匈牙利一数学家有关的代数定理。毕业后免试直升该校研究生。其间，共发表三十多篇论文，先后学会了日语、英语、法语、意大利语、西班牙语等多门外语。一九三一年，二十九岁的苏步青获日本东北帝国大学理学博士学位。在日本，他是获这一学位的第二个中国人（第一位是比苏步青早两年毕业的陈建功先生）。因此当时的数学界称苏步青为“东方国度上升起的灿烂的数学明星”。

“衰鬓布衣归祖国，同甘共苦为民仆，寇虏何由兴鼓鼙，困穷八载甘如荠。”

——学成回国，报效人民，困苦战乱，无怨无悔。前后十多年的日本求学，苏步青不仅在学术上业绩卓著，还收获了甜美的爱情，他得到了一位善良贤惠的日本姑娘松本米子纯真的爱。学业有成，婚姻美满，但是苏步青的心却始终牵挂着风雨飘摇中的祖国。虽有岳父一家人的执意挽留、东京帝大的真诚聘请，他在征得夫人诚恳深情的支持后，还是毅然决然于一九三一年秋返回祖国，在浙江大学等校任教。八年抗战，世事沧桑，生活维艰。在战火纷飞的年代里，苏步青一家随浙江大学西迁艰辛辗转，颠沛流离风雨兼程，为祖国为教育而尽心尽职任劳任怨，以苦为甜，虽苦犹乐。我们似乎触摸到了一个祖国骄子赤诚滚烫的脉搏，我们似乎感受到了一位科学巨子知恩图报的家国情怀。

“重返武林操旧业，留恋大陆不忍别，雄鸡一唱天下明，年方半百见河清。”

——坚守信念，坚持真理，学高品洁，万世楷模。解放前夕，面对国民党的软硬兼施，面对诸多亲朋好友的善意劝说，面对新中国的百废待兴，苏步青心定神静婉言谢绝。他凛然正气，明辨是非，坚定共产主义信仰，坚信社会主义能够救中国，一心一意留在大陆，继续用自己的学术才干，为社会主义革命和建设添砖加瓦，为“河清天明”的新中国增光添彩。我们感动，一个热爱中国共产党热爱社会主义新中国的著名数学家的人格操守和精神境界，我们敬佩，一个爱国爱家眷恋故土的赤子灵魂。

“西越昆仑探欧国，东横沧海观日出，巴黎铁塔印心房，三岛樱花映眼光。”

——壮志满怀，激情洋溢，呕心沥血，硕果累累。新中国成立后，中国共产党的正确领导，使“年方半百”的苏步青信心更足，激情燃烧，干劲倍增。他以蛟腾凤舞龙跃之姿，尽心尽责为党为国忘我奋斗在科技教育战线。在浙江大学，他除了抓学校日常教务工作和潜心数学研究外，尤其注重数学高端人才的发现和培养。五十年代初的浙大数学系可谓人才济济，诸如熊金治、张素诚、白正国、谷超豪等均在此时受到苏步青的特别培养扶植。

据说一九五二年全国高校院系调整以后，苏步青的弟子任高校数学系主任的，就有二十多位。一九五二年起，苏步青历任复旦大学教务长、副校长、校长等职，他更是教学、科研、社会活动三种角色一并当，三副重担一肩挑，废寝忘食夜以继日。其间，他曾数次出访日本及东西欧各国，既当团长又兼秘书、翻译，为缩短我国与先进国家科技水平的差距，增进与各国人民的友谊，马不停蹄，辛劳忙碌着。解放初到“文革”前的十几年，可以说是苏步青政治生活的顺心期，学术研究的黄金期，社会活动的活跃期，人生旅途中的一个“得意”期。

“八二年华当二八，随君战场去厮杀，漫夸步履健如飞，牛棚长负十年悲。”

——十年劫难，身心俱创，激情再燃，抢夺时光。正当苏步青这匹千里马攀登更高更新的科学高峰之时，史无前例的“文革”彻底碾碎了他那颗纯真的心，熄灭了他数学科学的憧憬。“文革”十年，他身陷“牛棚”，每月只有生活费。他下车间、进“干校”、扫垃圾，连参加学术研究和社会活动的权利也统统被剥夺了。他眼睁睁看着科学真理被亵渎、知识被糟蹋、人才被摧残埋没，一腔的爱国热血、满怀的报国之才只能饮恨含悲，深埋心底，个中苦楚难以言表。直至一九七六年粉碎“四人帮”，苏步青方得以重整学术，重返讲台，再振雄风。耄耋老人焕发“二八”青春，再燃生命激情，抢夺已逝的大好时光。遗憾的是自然界的新陈代谢规律不可逆转，他再也很难“步履健如飞”地冲杀在第一线了。回想这一切，不免悲切感叹啊！

粉碎“四人帮”后，年事渐高的苏步青逐步从一线退居二线，一九八三年起他担任复旦大学名誉校长，他的工作重心也开始转移。除继续顾问教学，总结一生治学经验外，苏步青把更多的精力放在呼吁政府和社会重视教育发展教育上，放在为科教体制改革出谋献策上。比如他为上海乃至全国的中小学数学骨干教师举办多期培训班；作为全国人大常委会委员和全国政协委员，他不断地在“两会”上发言、写议案提案，建议国家增加教育投入，关注中小学生身心健康成长，关心中小学教师待遇提高。经常深入中小学调研教学、听取一线校长教师的意见，关注并参与中小学课程教材改革，组织编写中学理科数学教材……真可谓“老骥伏枥壮心不已，满目青山夕照朗朗”！

“老来尝尽风霜味，马枥空怀千里志，梦里家山几十春，清风两袖无纤尘。”

——星移斗转，世事沧桑，人正品高，荣耀家国。退居二线的苏步青，回顾自己走过的人生历程，求学、科研、工作、生活，家事、国事、心事，难免感慨万千：岁月依旧、人事已非，人世百态、生命苍凉！聊以自慰的是自己几十年远离故乡，在外奔波劳碌大半生，坚守两袖清风一尘不染，胸怀坦荡品行高洁，算是无愧于家乡的淳朴民风和青山秀水了！字里行间，有人生坎坷饱经风霜的慨叹，有年华已逝大志难酬的惋惜，有一个科学探索者生命不息追求不止的坚韧，更有一个满怀赤子之心的科学巨匠愿为祖国四化鞠躬尽瘁的高风亮节！还须特别提及的是，此时的苏步青格外关心家乡的经济和社会兴衰，为家乡的发展献计献策。如他出任温州大学名誉校长，为振兴温州高等教育奔走呼告，他撰写诗文深情赞颂故乡的山清水秀人杰地灵，他为家乡人的工作学习交流提供种种便利……从苏步青的身体力行中，我们再次感受到了“亲不亲，故乡人”的别样温馨。

“卧牛山畔年年月，似望游人圆复缺，待得神州四化时，重上卧牛寿一卮。”

——卧牛山、带溪水，故乡梦依依，故乡情悠悠。有生之年我何时能重圆卧牛山月梦？古语说得好：叶落归根。尊敬的苏步青正是这样。随着岁月的流近、年龄的递增，他对故乡的山水、故乡的人事，思念之情日益浓郁而强烈。他从十七岁离别故乡至今半个多世纪了。在这漫长的“几十春”里，苏步青有多少个不眠之夜，梦里依稀重回卧牛山上带溪水畔；他时常情不自禁地猜想着卧牛山上的月亮缺了又圆圆了又缺，那是她在日复一日、年复一年地翘首期盼游子的归来！可叹的是“月有阴晴圆缺，人有悲欢离合，此事古难全”。重回故乡之念时时刻刻缠绕着苏步青的情思，他盼望着有生之年亲睹故乡新颜，重上卧牛山赏月饮酒、会友叙旧、畅抒胸襟。是的，我们家乡的人民也强烈渴望着自己的骄子、国之英杰早日重回故里，共话桑梓之情。我们更坚信苏步青“重上卧牛寿一卮”的心愿定能实现，我们在焦急地盼望着，我们在真诚地期待着，我们用醇厚的乡音在内心呼唤着。

苏步青《卧牛山谣》一诗文思清晰、章法谨严，以其一生经历中几个具有关键意义的生活场景来珠串而成。文辞质朴，清丽而苍劲，尤以内容的丰富厚实，情感抒写的诚挚、深沉、纯正、浓烈而见长，深深地扣动着家乡人民的心弦。

文如其人。读完全诗，我们的眼前似乎十分清晰地映现出苏步青那银发苍苍、神采飞逸、幽默风趣、健康精干的形象：从他那银发簇立中，我们看到了他饱经风霜、历尽艰辛而磨练出来的刚韧品性；从他那额头重叠的纹间，我们读到了他作为世界一流数学家所特有的博大精深的智慧与才情；更从他那炯炯有神的目光里，我们感受到了他爱社会主义爱人民爱事业爱故乡的缠绵之思和拳拳深情！

非有伯乐　安能千里

在人生征途中，布满了十字路口、交叉路口。每一个人的人生轨迹都是曲折的，至于这条曲线究竟怎么画，却来自许许多多个偶然。某一天，某一个人，某一件事，某一瞬间的思想火花，随时都可能构成微妙的点，这些点，连成了人生的路线。

当年温州的浙江省立第十中学（温州一中前身）是浙东最高学府，有很高的声誉。一九一四年夏天，苏步青以第一名考进入该校，在校四年的学费、膳费、杂费全免。一九一五年秋入学以后，他备受学校老师们的关注。中学二年级的时候，省立十中来了一位教数学的老师，名叫杨霁朝，平阳人（今苍南），刚从东京留学归来。他和大家一样，穿一身白竹布长衫，白皙的脸显得消瘦，但隐约透出一种和别人不同的气质。他满腔热血，充满热情。第一堂课，杨霁朝没有马上讲数学题。“当今世界，弱肉强食。列强依仗船坚炮利，对我中华豆剖瓜分，鲸夺蚕食。中华民族亡国灭种之危迫在眉睫！”他一口气讲到这里，在座的每一位同学都感受到救亡图存的责任。“要救国，就要振兴科学。发展实业，就要学好数学。”他把话引入了正题，说明数学是发展科学技术的基础，讲述科学对国富民强的巨大作用。苏步青一生不知听过多少堂课，但这一堂课使他终生难忘。

苏步青想，过去陈玉峰教他好好读书，报答父母的培育之情，国文老师要他当文学家，历史老师要他当史学家，都没有跳出个人出息的小圈子。而今杨霁朝的话深深地打动了他，给他的思想注入了新的兴奋剂。读书不仅是为个人，而且还要拯救中国广大的苦难民众；读书不仅是为个人找出路，而且还要为中华民族求新生。当天晚上苏步青辗转反侧，彻夜难眠。在杨霁朝的影响下，苏步青的兴趣从文学转向了数学，并从此立下了读书不忘救国、救国不忘读书的座右铭。

以前，他并没有对数学产生多大的兴趣，尽管前两年的数学成绩也总是全班第一。他觉得文学、历史才有浩瀚的知识可学，数学不免显得简单乏味。但是杨霁朝的数学课却能吸引住他。那些枯燥乏味的数学公式、定理一经杨霁朝讲解就变活了，那一步步的推理、演算、论证，就像一级级台阶，通往高深、奇妙的境界。杨霁朝还带领他们测量山高、计算田亩、设计房屋，这些生动活泼的形式在学生中间产生了极大反响。苏步青在这些活动中干得最起劲，在短短的日子里就对数学兴趣盎然。杨霁朝出了许多趣味数学题让他们竞赛，每次他都取得好名次，解题的能力远远超过班上其他同学。

课本里的习题远远不能满足苏步青的要求，他不断讨习题做，引起杨霁朝的格外关注。有一回杨霁朝将一本日本杂志上的数学题拿给苏步青做。有几道题确实很难，他一时不知如何下手。严冬的深夜，空荡荡的教室像冰窖一样，苏步青一个人坐在那里发犟脾气，不得出答案，决不回宿舍。眼前的数学题，像一块生硬的馒头，咬不动，啃不下。苦思冥想，一团乱麻的思路突然被解开，他兴奋得两颊通红，脑神经不停地跳着。就这样，不知不觉地，苏步青已被引入了数学王国的大门，那是一座永远诱人的迷宫。他曾经用二十四种不同的方式证明了“三角形的任意一个外角等于不相邻两个内角之和”的定理，师长对此大加赞赏，并将之作为学校教育的突出成果送往省教育展览会上展出，这是苏步青最早的“数学成就”。由此苏步青在数学上更加勤学钻研，成绩突出。四年中学课程结束，八个学期，苏步青均以每科九十分以上的成绩名列“头榜”，获得了学校“首席毕业”证书。

一九一九年，苏步青留学日本，一九三一年获日本东北帝国大学博士学位，回国后历任浙江大学教授、数学系主任、教务长，复旦大学校长，中国科学院学部委员，第五、六届全国人大常委会委员。一九八八年当选为全国政协副主席。他是国际公认的几何学权威，中国微分几何学派创始人，被誉为“东方国度上灿烂的数学巨星”“东方第一几何学家”，留下了“苏锥面”“苏二次曲面”“苏链”等值得中华民族为之自豪的印记。

数学研究的重要成就

苏步青的学生谷超豪院士对恩师的成就有生动简明的评述：

苏步青的研究方向主要是微分几何。一八七二年，德国数学家F.克莱因（Klein）提出了著名的“爱尔兰根计划书”，在其中总结了当时几何学发展的情况，认为每一种几何学都联系一种变换群，每种几何学所研究的内容就是在这些变换群下的不变性质。除了欧氏空间运动群之外，最为人们所熟悉的有仿射变换群和射影变换群。因而，在十九世纪末期和二十世纪的最初三四十年中，仿射微分几何学和射影微分几何学都得到迅速的发展。苏步青的大部分研究工作是属于这个方向的。此外，苏步青还致力于一般空间微分几何学和计算几何学的研究。一共发表了一百六十八篇学术论文，并有专著和教材十多部。他的不少成果已被许多国家的数学家大量引用或作为重要的内容写进他们的专著。

对仿射微分几何学的研究。仿射群是比欧几里德群大一些的变换群，它能够保持“直线”和“平行性”，但没有线段长度和正交性等概念。苏步青在二十世纪二十年代后期，就致力于微分几何学这一分支的研究，当时在国际上处于热门。他的成就之一就是引进和决定了仿射曲面和仿射旋转曲面，他决定了所有仿射铸曲面并讨论了它们的性质。仿射旋转曲面是仿射铸曲面的一种特殊情形，它的特征是这种曲面的仿射法线必与一条定直线相交，因而它们是普通的旋转曲面被非常自然地推广。

苏步青对仿射微分几何的另一极其美妙的发现是：他为一般的曲面构作出一个仿射不变的四次（三阶）的代数锥面。在仿射的曲面理论中为人们注目的许多协变几何对象，包括两条主切曲线，三条达布（Darboux）切线，三条塞格雷（Segre）切线和仿射法线，等等，都可以由这个锥面和它的三根尖点直线以美妙的方式体现出来，形成一个十分引人入胜的构图，这个锥面被命名为苏锥面。苏步青的关于仿射微分几何学的成果，使他在二十世纪三十年代初就成为世界上著名的微分几何学家，后来据此写成了《仿射微分几何》（1982年出版）一书。美国《数学评论》有评论者认为，许多内容是“绝对杰出的”，还说，“这本漂亮的、现代化的书是任何学术图书馆所必备的”。

对射影曲线论的研究。射影群比仿射群更大，它能保持直线的概念，但“平行性”的概念已不复出现。在十八、十九世纪，射影几何曾长期吸引数学家们的注意。例如，通过子群，它可以把欧氏几何和另外两类非欧几何学统一在同一理论体系中。由于既无度量，又无平行性，其微分几何的研究更为困难。即使是曲线论，虽经著名几何学家E.邦皮亚尼（Bompiani）、蟹谷乘养等人研究多年，甚至在三维情况下，结果也并不理想，更不用说高维情况了。苏步青发现平面曲线在其奇点的一些协变的性质，运用几何结构，以非常清楚的方法，定出了曲线在正常点的相应的射影标架（随曲线而变动的基本多面体），从而为射影曲线论定了完美的基础，得到国际上高度的重视。搞局部微分几何的学者，往往把奇点扔掉，而苏步青恰恰是从奇点发掘出隐藏着的特性，陈省身教授对此十分欣赏。在这项研究中，苏步青和他的学生也同时推进了代数曲线奇点的研究，有关的工作完成于二十世纪三四十年代，抗战期间就已写成专著，但始终不得出版。直到一九五四年，才由中国科学院出版，后来又出了英译本。美国《数学评论》的评阅者说：“现在射影几何被应用于数学物理和广义相对论中的各种问题，这本书已更重要了。”

对射影曲面论的研究。射影曲面论比曲线论要复杂得多，在二十世纪三十年代到四十年代中，苏步青对它做了非常深入的、内容丰富的研究。在这里我们仅仅指出以下几项：

对于一个曲面上一般的点P，S.李（Lie）得到一个协变的二次曲面，被命名为李二次曲面。作∞2李二次曲面的包络，除原曲面外，还有四张曲面；于是，对于每点P就有四个对应点，它们形成了点P的德穆林（Demoulin）变换。这时，所构成的空间四边形称为德穆林四边形。苏步青从这种四边形出发，构作出一个有重要性质的协变的二次曲面，后来这个二次曲面被称为苏二次曲面。

他还研究了一种特殊的曲面，称为S曲面。它们的特点是，其上每点的苏二次曲面都相同。这类曲面有许多有趣的性质。他完全地决定了它们，并做出了分类。

苏步青还研究了射影极小曲面，他的定义和G.汤姆森（Thomsen）用变分方法而引进的定义是相等价的。苏步青得到了有关射影极小曲面的戈尔多（Gordeaux）序列的“交扭定理”，显示出很优美的几何性质。

苏步青又研究了一类周期为四的拉普拉斯（Laplace）序列，它和另周期为四的拉普拉斯序列有共同的对角线汇，他把这种序列的决定归结为现在应用上很感兴趣的正弦—戈登（Gordon）方程或双曲正弦—戈登方程求解，指出了这种序列的许多特性。这种研究在国际上很受重视，例如苏联的菲尼科夫（HHHKOB）学派就十分赞赏它。后来被G.博尔（Bol）命名为苏链。苏步青的专著《射影曲面概论》全面总结了他在这一方面的成果。

对高维空间共轭网理论的研究。二十世纪的大数学家E.嘉当（Cartan）建立了外微分形式的理论，他和E.凯勒（Kanter）对关于一般外微分形式方程组解的存在性和自由度的研究，是现代数学的重要成就之一。嘉当本人以及后来的几何学家们如苏联菲尼科夫学派，都用此工具，得到许多微分几何方面的重要成果。在二十世纪五十年代，苏步青也运用这一工具来研究高维射影空间中的共轭网理论，构作了高维射影空间中不少具有优美几何性质的拉普拉斯序列，分别讨论了它们的存在性、自由度和有关的几何性质。他的专著《射影共轭网概论》（1977年出版）总结了这一方面的成果。

对一般空间微分几何学的研究。在十九世纪，已经出现了黎曼几何学，它是以定义空间两无限邻近点的距离平方的二次微分形式为基础而建立起来的。二十世纪以来，因受到广义相对论的刺激，黎曼几何发展很快，并产生了更一般的以曲线长度积分为基础的芬斯勒（Finsler）空间，以超曲面面积积分为基础的嘉当空间、以二阶微分方程组为基础的道路空间和K展空间等，通称一般空间。苏步青从二十世纪三十年代后期开始，对于一般空间的微分几何学的发展，做出了许多重要贡献。

对于嘉当几何学，他着重研究了极值离差理论，即研究能保持测地线的无穷小变形的方程，这是黎曼几何中十分重要的雅可比（Jacobi）方程的一种推广。

K展空间是由完全可积的偏微分方程组所定义的，由J.道格拉斯（Douglas）最早提出。苏步青得到了射影形式的可积条件，他又研究了仿射同构、射影同构及其推广，在讨论这种空间的几何结构时，他推广了嘉当有关平面公理的研究。一九五八年，包括上述结果的专著《一般空间的微分几何学》由科学出版社出版。苏步青有关一般空间几何学的成果，获得了我国第一届自然科学奖。

对计算几何的研究。二十世纪七十年代初期，由于造船、汽车工业的需要和计算机在工业中的应用日趋广泛，在国际上形成了计算几何这门学科。苏步青出于对经济建设的关心，在逆境中仍然坚持科学研究。他了解到用旧方法做船体放样的困难后，毅然投入这项密切联系工业生产的研究中，把曲线论中的仿射不变量方法首创性地引入计算几何学科，使过去一些凭经验直观的方法有了可靠的理论基础，使得有广泛应用性的三次样条曲线、贝齐尔（Be zier）曲线等的研究都取得了很大的进展。这些工作的一部分，已经在我国造船工业中的船体放样、航空工业中的涡轮叶片空间造型以及有关的外形设计等方面获得了成功的应用，因而获得了两项国家科技进步奖。有关工作的理论部分，已被写入《计算几何》（和刘鼎元合著）一书。该书英译本的出版在国际上引起了重视。

文理同发展

苏步青是我国科学界有名的数学专家，在文学方面，他也独树一帜。求学的时候，苏步青不仅数学成绩突出，文科成绩也非常好。这源于他从小养成爱读书的良好习惯。翻开一九九二年十一月转载于《平阳今况》的文章，苏步青就介绍说："我与书已有八十多年的缘分，至今对数学、文学、哲学类书籍仍然爱不释手，这倒不是因为退居二线之后时间稍有空余之故，而是几十年养成了读书习惯。"

苏步青从小就有读书的天赋。八岁入私塾，读过的书包括《三字经》《千家诗》《幼学琼林》《论语》《古文观止》等。识得一些字后，他把家里的《三国演义》《水浒传》《聊斋志异》《红楼梦》等小说名著来回翻了好几遍。等到正式入学，他已经能够完整地背出《左传》和《唐诗三百首》两本书，对《史记》和《汉书》中的名篇也能倒背如流，并且对此还有独到的见解。中学的时候，苏步青兴趣广泛、文理兼治，以门门功课九十分以上的成绩毕业。青少年时代的苏步青不仅好读书，史书、小说、杂文等各种文章都有通览，而且还有自己的读书方法。他说："读书，第一遍可先读个大概；第二遍、第三遍逐步加深体会。我小时候读小说名著都是这样。起初有些地方不懂，又无处查，我就读下去再说。以后再读，就逐步加深了理解。读数学书也是这样，要把一部书一下子全部读懂不容易，我一般是边读、边想、边做习题。什么时候才算读好、读精了这本书呢？直到你知道这本书的优点、缺点和错误时，这才算。一部书不是定要完全读通、读熟；即使全部读通了、读熟了，以后不用也会忘记。但这样做可以训练读书的方法，学习、掌握一本书的思想方法和艺术性。”

正因为在中小学时打下了扎实的文学功底，才为苏步青以后的学习、科研奠定了坚实的基础，加上掌握了良好的学习方法，当苏步青后来专攻数学时，比其他人更能融会贯通。“深厚的文学、历史基础是辅助我登上数学殿堂的翅膀，文学、历史知识帮助我开拓思路，加深对数学的理解。以后几十年，我能吟诗填词、出口成章，很大程度上得益于中小学时文理兼治的学习方法。我要向有志于学习理工自然科学的同学们说一句话：打好语文、史地基础，可以帮助你们跃上更高的台阶。”这是苏步青以出色的成就蜚声海内外时告诫学子们的话。

苏步青是位数学大师，数学的精准性要求数学家做学问的时候做到精益求精。除此之外，他又是一位诗人、书法家。在长期的写作中，苏步青感受到了学习修辞的必要性，但他从没有机会专门学习修辞学。尽管如此，他还是总结了许多修辞的经验，有了自己的心得体会。在他看来，掌握了修辞学的基本知识，不仅能使语言的应用具有规范性和艺术性，在文体、风格、技法上还可以有自己的特色，以提高文章的质量。他说：“做一个中国人，不知道自己国家的历史是羞耻的；读了书，不会写文章，不懂修辞也是可羞的。写好文章，用词确切是对人民负责，关键是态度要端正。”

有一回，平阳母校老师前往上海衡山宾馆拜访苏步青，并邀请题词。面对母校的校长与领导，苏步青十分谦虚地问：“写什么好呢？”他们将苏步青已在书中写过的“攀高贵在少年时，为学应须毕生力”，及“愿孩子们都变得更加聪明”两句话找出来，请苏步青写。苏步青看了一下，高兴地说："这一对好。"当苏步青提起笔正要写时，仔细地想一想，说，"这个'须'字应改为'竭'字更确切些，你们看好不好？"接着，他一边把另一句话中的"变"字圈掉，改为"学"字，一边说："孩子们只要肯学，都会聪明起来的。"来访一行人都对苏步青的脑子还如此敏捷感到十分惊奇。就这样，几十年前用过的字改掉了，但改得好、改得妙，改出了深意。

一次，秘书为苏步青草拟一份电文，内容是因故不能参加某教授执教五十周年的活动。苏步青一看初稿：欣闻某教授执教五十周年驰电祝贺因事不能赴会鉴谅苏步青。觉得不满意，便批评道："打电报也有学问，起草一份好的电文也不容易。别看字少，但撰写得好，可以反映人的情感，因此要学一点修辞，注意推敲。"他接过草稿，提笔将电文改为：欣闻某教授执教五十周年纪念会召开谨以此电祝贺本人因事未能躬临盛会为歉苏步青。短短的二十六字电文，他就改动了六处，文字增删十六字之多。他把"不能"改为"未能"，"赴会"改为"躬临盛会"，"鉴谅"改为"为歉"，如此一改，更能表达诚意，效果更佳。

苏步青在担任复旦大学校长发表"就职宣言"时曾说："如果允许复旦大学单独招生，我的意见是第一堂先考语文，考后就判卷子。不合格的，以下的功课就不要考了。语文你都不行，别的是学不通的。"他还提出"语文是成才的第一要素"的观点。

苏步青一生从事数学教学和研究，他对学好数学发表意见，估计没有人会说三道四的；但如果让他谈语文学习，可能有的人误认为他有班门弄斧之嫌。事实上，语文和数学虽然是两门不同的课程，但它们之间也有着紧密的联系。研究这两门学科的人都知道如能充分认识它们之间的关系，对学生的学习、成才，都会起到促进作用。苏步青正是这样一位文理双修的学界楷模。

第二章

树人犹是百年心

苏步青在《平阳县教育志》序言中这样写道："平阳是我的故乡。过去，我们的祖先在这块大地上披荆斩棘，用自己的血汗创造古代文明，千载相承，代代相传；今天，平阳人民在党的领导下，必将以史为鉴，锐意改革，再展宏图，谱写教育史上的新篇章，以无愧于前人，有益于来者。"

苏步青一生以教育为己任，时间长达七十年，勤勤恳恳，兢兢业业，赢得桃李遍天下。据悉，二〇〇一年复旦大学举行"苏步青百岁华诞暨回国执教七十周年"庆祝大会时，参加会议的学生中，中科院院士就有十五名，苏门弟子白正国、熊全治、谷超豪、胡和生、张素诚、方德植等都是当前我国数学界的精英。苏步青桃李芬芳，业已成为中国教育界的一面旗帜。

了解苏步青家庭情况的人，都有一个比较深刻的印象，即他们的子女、孙辈，有许多是从事教育科研事业的，是小县城里赓读相承、名闻遐迩的教育世家，为后世所垂范。这与苏步青热爱科学、教育有着密切的联系。在这样良好的家庭氛围中，学习成了他们最主要的内容。苏步青又对子女学习严格要求，经常教育子女：家穷志不穷，一定要勤奋学习，将来为建设祖国服务；

人要争气，做一个有出息的人；人要能取得事业有成就，对国家有贡献，主要是四个字：勤奋、坚持。具有天才的人和低能的人是极少数的。因此苏步青的子女学习都很用功，工作也很努力，均取得不同程度的成就。

十一位子女全部由名牌大学毕业，其中任教授的就有五六位，并且都担任教学方面的重要领导职务，或是学科的带头人和教学的骨干，在海内外有一定的影响力。他的孙辈中获博士、硕士学位的也为数不少，这是苏步青一家最引为自豪的。一九八一年二月八日，苏步青写了一首诗："历史长程走不完，高山外有更高山。直须磨尽皮和骨，养大儿孙好接班。"表达了他把儿孙作为国家财富，要尽心尽力培养好的心愿。

从平阳腾蛟走出的苏步青虽离乡多年，依然乡音浓厚、怀恋故园。他饮水思源，用勤奋攀高的经历激励着家乡的莘莘学子，用七十余载从教经验指引着家乡的教师，鼓励支持着家乡文化教育事业的发展。他曾协助创办"平阳南雁战时初中生补习学校"，救济贫困、失学子弟；也为许多学校题写校名、校训，多次亲笔题诗撰文、写信给家乡学校，还答应以他的名字创办全国唯一的"苏步青学校"，多次接见平阳县教育系统领导和各校校长，与大家亲切交谈，探讨和指导家乡教育事业的发展。所有寄语，意蕴厚重。所遗题赠，墨韵留香。凡此种种，无不包含他关爱家乡教育事业的赤子情怀，为平阳教育发展不断注入强劲动力。

苏步青与带溪小学

带溪小学坐落于卧牛山麓、带溪之畔、苏步青故居东南五百米处，是一所有着深厚文化底蕴的百年老校。一九〇九至一九一〇年，苏步青在此就读。一九五〇年春，苏步青更是授意长子苏尔馥（原上海化工学院教授）回该校任教，并担任校长半年。一九八七年五月，校长包思亮去信汇报学校的办学成果，希望苏步青为校刊题词。苏步青即为校刊题字并赋诗一首：“小溪流水日潾潾，万代千秋无限春。不断跟踪勤学习，他年四化作才人。”张文主编的《苏步青的故事》一书，也以“小溪”为名而

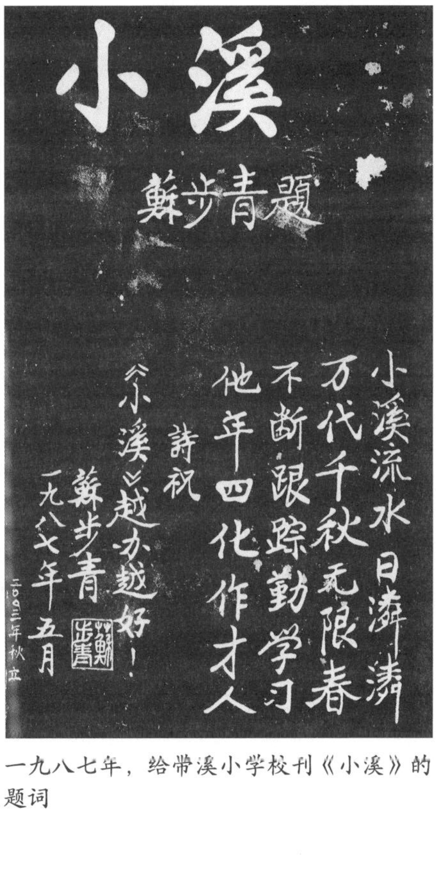

一九八七年，给带溪小学校刊《小溪》的题词

获得广泛好评。一九九〇年，包思亮就带溪小学校史编写致函苏步青了解情况，苏步青亲笔复函并题词。他对当年学校的校址、变迁、教师以及自己求学的历程都记得一清二楚。一九九一年，宋文骥等人带着《带溪小学校史》，来到复旦大学宿舍区。苏步青看到家乡来客，翻阅着他发蒙时期学堂的校史，激动不已，感慨万千，并在宋文骥的笔记本上以工整的字体写道："欢迎以后经常驾临 苏步青 一九九一年五月二十三日。"一九九二年五月，苏步青在上海寓所热情接见了平阳教改考察团包思亮等人，详细询问了家乡教育事业的发展情况。当他听说母校教学质量名列全区前茅，语、数两教研组均被评为县先进教研组，教改工作取得了可喜的成绩，还获得了县小学组男子排球赛冠军，感到十分高兴，紧紧地握住包思亮的手，说："你们辛苦了！国家建设需要大批人才，家乡的教育靠你们呀！"并一再勉励大家：基础教育的担子最重，大家要努力工作，把孩子们教育好，培养好。当听到县里要在带溪乡建立一个以学习苏步青勤学苦读成才为内容的德育教育基地时，苏步青很赞同对学生加强思想品德教育，认为德的培养是成才的一个重要因素，忽视不得。他再一次对在座人员讲，回去后一定要重视学生的艰苦朴素教育。他还准备亲自给家乡的小朋友写信，勉励他们勤奋学习，德才兼备。不过苏步青不赞同把他的事迹进行展览，他向来访人员透露一个消息：自己虽已耄耋之年，但仍想着能再做些贡献。《苏步青文选》年内要出版，内容有他回国从事教育六十年的教育思想论文、数学著作（中、外文），还有三百首诗和五十首词等。

他说，到时一定给母校寄一份。当看到近期拍摄的苏步青故居时，苏步青更是欣喜不已，多次感谢给他老家整修房屋，并连声说："我想回平阳老屋住一段时间。"应包思亮的请求，苏步青当场为带溪小学题写校名。苏步青还与大家合影留念，并热情地为大家安排相关的参观活动。

苏步青与平阳第一中学

“凤山之麓，弦溪之东，抗战时期诞生我平中。”平阳第一中学筹办于一九三八年十一月。在此之前，平阳县虽县域辽阔，人口众多，但境内却没有一所普通中学，子弟升学深造，须负笈远行。一九八五年新校门落成之际，县教育局和校领导专程赴沪看望苏步青。苏步青应邀题写校名“平阳县第一中学”，以及校训“尊师重道、敬业乐群”。至今这八个大字金光闪闪，悬挂在教学大楼上。一九八七年九月，苏步青回乡参观平阳第一中学。一九九一年八月十一日，为庆贺苏步青九十华诞，在征得苏步青同意后，苏步青学生、美籍数学家杨忠道教授来到平阳第一中学，设立以恩师名字命名的“苏步青数学奖学金”。本项奖金每年颁发一次，用于奖励平阳第一中学在数学竞赛或数学论文方面取得优异成绩的学生，获奖学生可以得到由苏步青亲笔题名“勤奋学习，永攀高峰”的荣誉证书。在庆祝会上，杨忠道满怀激情地赞扬了苏步青热爱祖国，严谨治学的精神，并将第一年奖学金和苏步青亲笔写的设立奖学金的意见书递交给学校。自一九九二年五月十二日举办首届“苏步青数学奖”数学竞赛以来，至今已有上千人次学生获得过该奖项。一九九六年Ｉ月，平阳第一中学图书馆扩建装修工程完工，苏步青又寄来了一张亲笔题写的“成才在于勤奋与坚

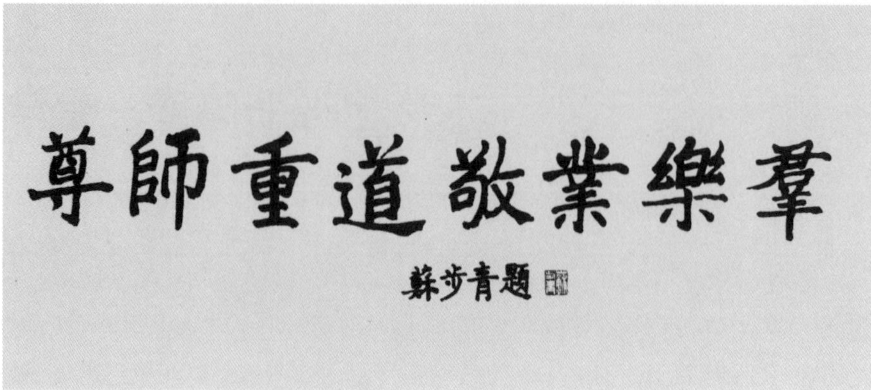

一九八五年，为平阳一中题写的校训

持”珍贵格言。苏步青写给平阳第一中学的这三幅题词，如今醒目地陈列在校展览馆。

此外，苏步青为曾任平阳第一中学校长的项经川遗作《经川文集》题签。

苏步青与平阳二中

“横阳北，南雁东，泾川环绕拱莆峰。江山兹信美，吾校创此中。”平阳县第二中学位于南雁荡山莆峰山麓的水头镇东川中路，它的前身是“平阳县私立南雁战时初中学生补习学校”，一九四二年九月由苏步青、陈铎民、吴人鉴等创办，至今已近八十个春秋。陈铎民为首任校长，苏步青于一九四二年、一九四四年担任学校名誉董事。该校的创建解决了孩子们就近入学难的问题，开了我县创办私立学校的先河。一九九〇年七月初，陈家弟（离休教师，曾是雁中学生）借去上海之机，转交卢立新写的一封学校公函给苏步青。公函中，向苏步青简要汇报学校情况，特别说明他是平阳二中前身的创办人之一，恳请他在百忙中为学校题写校牌。苏步青很快就来信，全文如下：“卢立新校长：陈家弟同志带来平阳县第二中学公事信，确已阅悉。兹遵嘱将贵校校牌写就，于此同封寄上，收到后请即来信告知为荷。专复，顺颂　钧安　苏步青　一九九〇年七月十六日于上海。”写在宣纸上的校牌——“浙江省平阳县第二中学　苏步青题　一九九〇年七月十日”，文字布局按匾牌格式设计。七月十七日，他用复旦大学校长办公室信封，以个人名义发出挂号信。一九九二年九月，是平阳二中建校五十周年，苏步青为学校题写了校训——务实奋进。同年九月

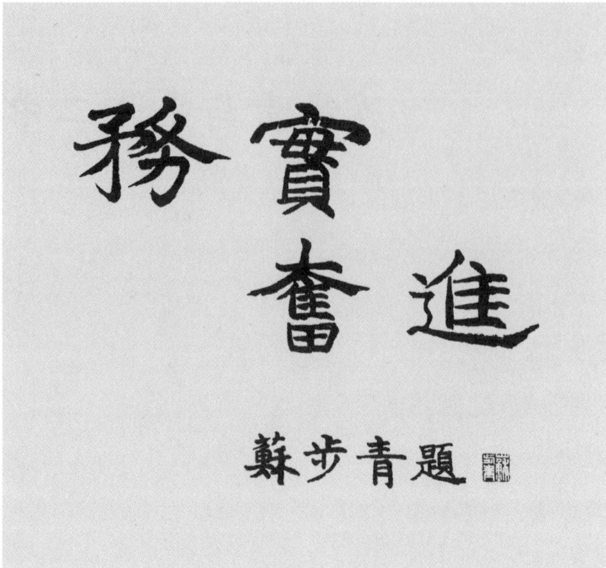

一九九二年，为平阳二中题写的校训

二十八日上午九时四十八分，苏步青从上海发来贺电：欣悉贵校五十周年大庆，特驰电衷心祝贺并祝愿事业日益昌盛！二〇〇二年该校建校六十周年，当时年届百岁高龄的苏步青不顾疾病缠身给学校发来贺信，贺信中写道："欣悉平阳二中建校六十周年，又喜逢党的十六大胜利召开，特致电热烈祝贺！改革开放以来，平阳二中认真贯彻党的科教兴国的方针政策，积极开展教育改革，培养出一大批优秀的学生，适应社会主义市场建设的需要，也为温州市和平阳县的繁荣发展做出重要的贡献！"贺信还勉励全校师生，"值此佳节来临之际，我向全校领导干部、师生员工表示衷心的祝贺和由衷的感谢！希望大家努力学习'三个代表'重要思想，团结一致，开拓进取，与时俱进，开创新世纪的新辉煌。"现在，苏步青题写的校名"浙江省平阳县第二中学"十个大字被镶嵌在校门口的大理石上，引人注目。"务实奋进"的校训镌刻在综合大楼前的宣传栏上，也更显得醒目庄重。

苏步青与平阳县中心小学

平阳县中心小学坐落于县城昆阳镇坡南街汇头，由刘绍宽于光绪二十八年（1902）五月二十五日创建，至今已有近一百二十年历史。棋王谢侠逊曾在此执教，著名数学家姜立夫、著名外语专家吴景荣、著名新闻理论家、报人马星野等曾在此就读。一九一一年三月，苏步青转学来到这里，当了一名三年级的插班生。一九八四年秋，平阳氮肥厂为技改事宜派专人到上海取经时拜访过苏步青。苏步青说自己曾在平阳县中心小学读过一年书，从此与母校开始了跨世纪的密切交往。同时他再三嘱咐：做老师的一定要全面关注学生，特别是不能歧视和遗弃差生。我在母校读书时，成绩就不那么好，还坐过红板凳呢！后来受到一位地理老师的点拨与鼓励，成绩才上去了。一九八四年冬，苏步青将记叙他青少年时代孜孜求学、饱尝艰辛的成才历程和不平凡生涯的《卧牛山谣》书作赠给母校。该墨宝是苏步青非常专注地、耗费了近三天的时间才完成，更属难得珍贵。当时负责接收的同志即在上海以十八元人民币将墨宝拍成一帖清晰而漂亮的缩照带回学校。一九八五年三月十日，苏步青给杨须友回信中写道：前次承蒙寄下六寸缩照“卧牛山谣”一枚，拍得非常漂亮。我校宣传部同志很想有一张供校宣传橱窗之用，不知能否再寄赐一两枚，所费若干，也请赐知，俾便汇上。

一九八五年四月二十五日，时任校长杨须友赴沪拜访苏步青，向他汇报以《卧牛山谣》其句“不料鸡群能立鹤”建“立鹤亭”、立《卧牛山谣》碑、印发《卧牛山谣》及注释、揭碑仪式等事宜后，苏步青诚挚地表示：如有返归故里之机，一定回母校探望师生。同年九月碑亭竣工，张鹏翼为母校“立鹤亭”落成题词。十月十二日举行了隆重的立鹤亭落成暨《卧牛山谣》碑志揭幕仪式，苏步青侄儿苏尔孝出席仪式。县委书记陈桂连、副书记张锦槐同为揭碑并讲话祝贺。此后，立鹤形象永久性成为学校标志，该碑亭也成为对学生进行爱国主义和勤奋学习教育最具有象征意义的德育基地。

一九八七年九月，苏步青回到母校，探望师生，并作了一场生动的报告。一九八七年十月三十日，苏步青给杨须友、黄宝珠两位校长回信写道：这回能够返乡访问母校，看到几十年来，特别是近八九年来的巨大变化，尊师重教之风已开始形成，心里无比高兴。希望母校在师生员工通力奋斗下，蓬勃发展，为基础教育做出更大的贡献。一九九〇年冬，苏步青为母校题写校名。一九九一年，为《平阳县中心小学校史》题签、作序，特别告诫小朋友们“艰苦朴素不能忘，勤奋学习不能忘，小鹤大志不能忘，将

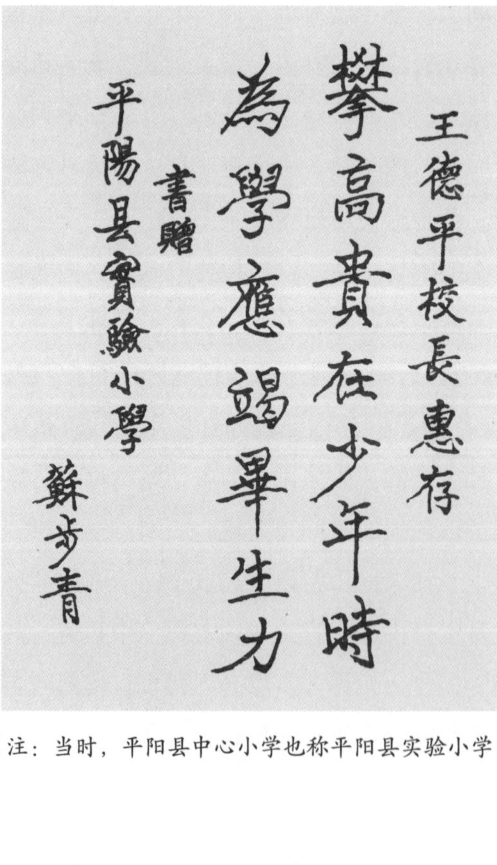

（注：当时，平阳县中心小学也称平阳县实验小学）

来长大了做‘四有’新人”“祝愿母校继往开来，稳步前进，越办越好，为家乡的教育事业做出更多的贡献”。

一九九五年十二月十四日，时任校长王德平等人前往上海衡山宾馆，拜望正在疗养的苏步青。刚一见面，苏步青对来访者说：“欢迎，欢迎，你们从家乡来，很难得！”王德平将带去的几张校园照片递给苏步青，并指着照片向他老人家做了介绍。苏步青戴起老花镜端详着，赞叹说：“这是我的母校，我启蒙时就在这里读了一年。啊，很好！很好！现在建设得那么漂亮，变化真大。”当苏步青看到立鹤亭时，就问：“这旁边有口井，还在吗？”王德平怔了一下，一时语塞，只能如实答道：“现在没有了，以前是不是有，没听说过。”（他们回来，问了一些老教师，的确，就在苏步青所指的地方有一口小井）苏步青还深情地说：“我曾为母校写了一首《卧牛山谣》，这里是出人才的摇篮。”王德平接着说：“他们在校园中建了一座立鹤亭，亭中就竖着《卧牛山谣》诗碑。”苏步青高兴地说：“几年前，我回母校时看到了。母校越办越好了！”苏步青还应邀为学校题赠“攀高贵在少年时，为学应竭毕生力”，并为母校的标志性建筑“立鹤”雕塑题写了“凌云”二字。写毕，苏步青再三嘱咐王德平要“教育学生们，从小树立凌云壮志，像小鹤一样，越飞越高，将来成为国家有用的人才”。接着，大家提议一起合影，苏步青十分欣喜地站在中间，摘下帽子，拉拉衣服。他正伸手要放下助听器，摸了摸耳朵，不料，他在写字时已将它拿了下来，他笑了起来，风趣地说：“怪不得刚才写字时，没有听清楚你们讲的话！”临别时，苏步青送大家到楼厅门口，再三叮嘱：“请你们代问乡亲父老好，我是土生土长的老头，时刻惦记着他们……”

一九九七年三月二十七日，杨须友再次赴沪向苏步青汇报筹建“苏步青教育馆”和印发《苏步青爷爷的足迹》等事项。苏步青高兴地说：“学校真是越办越好，越来越漂亮了，了不起啊！”并再次夸奖王德平有能力，有责任心，有这样的校长才能把学校办好，把下一代培养好。苏步青秘书王增藩应邀为《苏步青爷爷的足迹》作序，其中写道：苏步

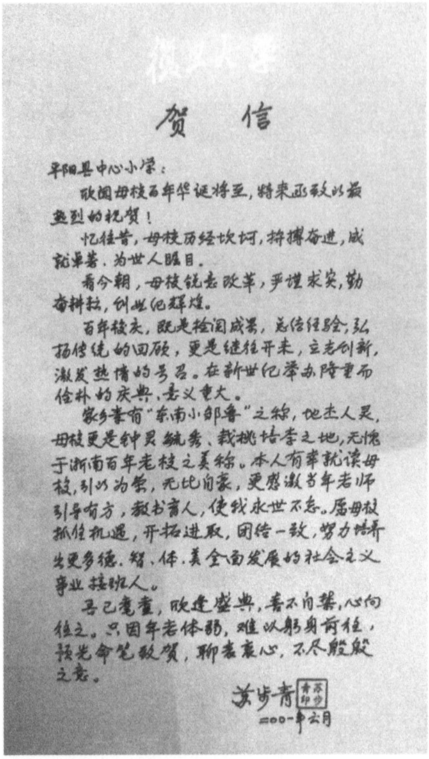

贺信

平阳县中心小学：

欣闻母校百年华诞将至，特来函致以最热烈的祝贺！

忆往昔，母校历经坎坷，拼搏奋进，成就卓著，为世人瞩目。

看今朝，母校锐意改革，严谨求实，勤奋耕耘，创世纪辉煌。

百年校庆，既是检阅成果，总结经验，弘扬传统的回顾，更是继往开来，立志创新，激发热情的号召。在新世纪举办隆重而俭朴的庆典，意义重大。

家乡素有"东南小邹鲁"之称，地杰人灵，母校更是钟灵毓秀、栽桃培李之地，无愧于浙南百年老校之美称。本人有幸就读母校，引以为荣，无比自豪，更感激当年老师引导有方，教书育人，使我永世不忘。盼母校抓住机遇，开拓进取，团结一致，努力培养出更多德、智、体、美全面发展的社会主义事业接班人。

吾已耄耋，欣逢盛典，喜不自禁，心向往之。只因年老体弱，难以躬身前往，谨先命笔致贺，聊表衷心，不尽殷殷之意。

苏步青 苏步青印

二〇〇一年六月

二〇〇一年，给平阳县中心小学的贺信

青十分怀念故乡的人民和培养他成长的母校。只要是母校来人，他再忙再累也总要安排接见，可谓感情之深厚。

二〇〇一年六月九日，时任校长池昌松率校庆办工作人员专程赴上海华东医院探望苏步青，苏步青为母校百年校庆述写贺信。贺信写道："家乡素有'东南小邹鲁'之称，地杰人灵，母校更是钟灵毓秀、栽桃培李之地，无愧于浙南百年老校之美称。我有幸就读母校，引以为荣，无比自豪，更感激当年老师引导有方，教书育人，使我永世不忘。"同时期盼母校"培养出更多德、智、体、美全面发展的社会主义事业接班人"。

二〇〇二年五月二十五日，该校苏步青教育馆隆重开馆，场馆分为"鹤立鸡群""立志报国""精心育桃李、载誉欧亚美""老骥伏枥""情系母校"五个单元，成为对学生进行励志教育的好场所，也是莅校来访者必定参观的地方，这是我国当时首个苏步青教育馆。在此期间，苏步青曾先后七次亲笔复函学校，深切表达了他爱国、爱党、爱乡、爱母校的感人情怀。

二〇一二年九月，王增藩为县小题词"勤奋奉献进取"。同年，杨须友主编的《卧牛山谣凝真情——苏步青教授与平阳县小》由中国诗词楹联出版社出版。

苏步青与水头一小

水头一小坐落在国家级名胜风景区南雁荡山山麓水头镇，创办于一九〇七年，是一所百年老校，苏步青学生——微分几何数学家白正国、著名竹类专家林维治、畜牧兽医专家黄昌澍等人都由此起步走向神圣的科学殿堂。一九一二至一九一五年，苏步青在此求学。其间，在恩师陈玉峰的教导下，开始发奋学习，成为“头榜”生，走上了成才的历程。

一九九七年一月二十五日，校长施正宣等人代表母校师生探望正在上海华东医院疗养的苏步青。苏步青见到母校老师，十分高兴，马上换上正装，亲自到会客室接见家乡来客，亲切地拉着大家坐到自己身边，操着家乡话，忆叙起自己当年在县立第三高等小学（现水头一小前身）求学的情景，还清晰地回忆当年学校的位置及老师、同学。苏步青说，自己小时候出名地调皮，有些中小学老师对调皮学生很反感，常采用惩罚的办法来压服学生。苏步青对这种做法很反对，小时候就消极对抗，当了老师之后，就经常提醒老师要特别注意调皮学生。苏步青接着说：“调皮学生往往是人才，对他们既要严格要求，又要了解他们的心理爱好和兴趣，尽量发挥他们的特长，提高他们学习的积极性。”应施正宣的请求，苏步青欣然命笔，当场为母校题写校名和“认真学习，奋发向上”的校训，并和来访人

二〇〇七年，王增藩为平阳水头一小苏步青塑像剪彩后留影。左起为王增藩、张文

员一一合影，这次会见还被拍了录像保存下来。事后才知道，苏步青从来不让人拍录像，曾经中央电视台的记者要来拍，也被拒绝了。这显然是苏步青给予母校的特别礼遇！校长把录像放给师生观看时，校园里立刻沸腾起来。师生们都欢呼："我们都见到校友苏步青了！"同年学校举行校训揭碑仪式暨《苏步青故事》首发式。

一九九八年"六一"前夕，该校全体少先队员给苏步青写信，汇报学校开展"学习苏爷爷，争做文明学生"活动的情况。九月二十一日，苏步青回信，感谢同学们的祝愿，告诉同学们："一个人要取得成就，就必须发扬艰苦奋斗、认真钻研、勇攀高峰的精神，努力做到脚踏实地、知难而进、持之以恒。"他还希望同学们"从小讲文明、讲礼貌，尊敬老师，友爱同学，努力锻炼身体，以自己的实际行动，为我们国家的建设做出应有的贡献"。

一九九九年元旦，学校收到苏步青新年贺卡，并祝学校越办越好，祝全体师生员工新年快乐！同年九月，收到苏步青九十七岁生日彩照。

二〇〇一年，学校举行了“敬祝苏步青爷爷百岁寿诞”大型主题队会，制作了由一百名学生签名的巨幅《长寿图》，由时任校长林霞等人亲自送往上海参加苏步青百岁寿诞庆祝大会现场展出，深得时任教育部部长陈至立等领导同志的好评，并由国家档案馆收藏保存。同年九月二十五日，苏步青写信感谢同学们制作的《长寿图》，殷切希望同学们“关心国家大事，刻苦学习文化科学知识，掌握更多才能，将来为祖国做出应有的贡献”。这两封信件，学校一直珍藏着。

苏步青辞世后，他的秘书王增藩也对水头一小充满关爱之情，于二〇〇三年十一月亲临水头一小，书赠墨宝“向苏步青学习”。二〇〇七年十二月二日，王增藩参加水头一小百年校庆典礼，并为苏步青雕像落成揭幕。次日，由张文、钟振斌陪同，参观了校园和苏步青教育馆，并合影留念。

苏步青与苏步青学校

二〇〇〇年年初，腾蛟镇党委、政府计划创建苏步青学校，委派镇宣传委员苏尔文和镇教委办书记苏立平，在平阳县人民政府驻沪工作处主任江蓓玲陪同下，拜访苏步青，征求办学意见。

九十八岁的苏步青躺在上海华东医院的特护病床上，看着腾蛟镇人民政府和平阳县人民政府驻沪工作处写的信件后，微笑着点点头，在场的平阳一行人非常激动。苏步青一贯谦逊行事不愿张扬，据苏步青身边的工作人员说，全国各地许多名校前来要求更名为“苏步青学校”，苏步青一概委婉回绝。正是苏步青的家乡情结和对家乡子弟的殷切期许，在临近人生的终点时，他把这个“唯一”留给了家乡。由于苏步青此时不能当场提笔签字，后来只好通过他身边护士，待他在每天下午三点钟左右精

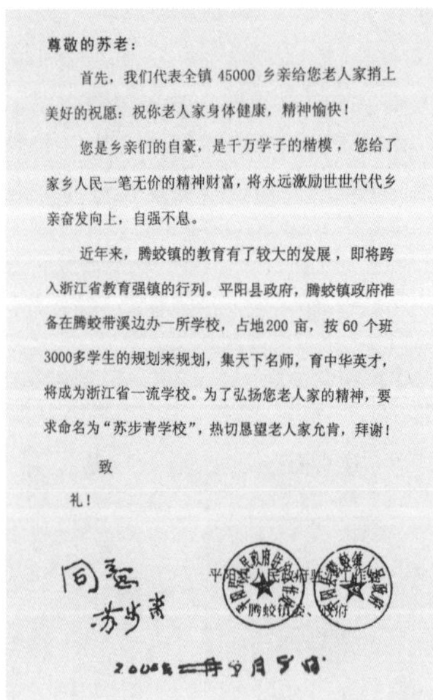

尊敬的苏老：

首先，我们代表全镇 45000 乡亲给您老人家捎上美好的祝愿：祝你老人家身体健康，精神愉快！

您是乡亲们的自豪，是千万学子的楷模，您给了家乡人民一笔无价的精神财富，将永远激励世世代代乡亲奋发向上，自强不息。

近年来，腾蛟镇的教育有了较大的发展，即将跨入浙江省教育强镇的行列。平阳县政府，腾蛟镇政府准备在腾蛟带溪边办一所学校，占地200 亩，按 60 个班3000多学生的规划来规划，集天下名师，育中华英才，将成为浙江省一流学校。为了弘扬您老人家的精神，要求命名为“苏步青学校”，热切恳望老人家允肯，拜谢！

致

礼！

同意
苏步青

平阳县人民政府驻沪工作处
腾蛟镇党委、政府

2000年一月5日

二〇〇〇年，同意冠名“苏步青学校”

神最好时让他陆陆续续签字。八天后，“同意，苏步青，二〇〇〇年八月八日”终于书毕。这是苏步青给我们留下的最后一张墨宝，也是苏步青对家乡人的信任和重托，更是给家乡人莫大的荣耀和厚爱！

苏步青学校创办后，还得到众多苏步青故旧的关怀。二〇〇九年春，原中国书法家协会主席沈鹏为苏步青学校题写校名。苏步青的秘书王增藩教授题赠“发扬苏老精神，铸就成功人生”，于二〇一〇年三月到校为学生作了《作文与人生》的报告，并撰写《决策·先后·抓紧——写在平阳苏步青学校》一文勉励全体师生。曾任复旦大学数学系党总支书记的华宣积教授，对学校贯彻苏步青教育思想以及办学思路和方法提出了许多建设性的宝贵意见，并题赠墨宝：“发扬民办学校优势，争做基础教育排头兵”。

二〇一〇年九月，复旦大学附属中学举行建校六十周年庆典，向苏步青学校发来邀请函，并邀苏步青学校加入复旦基础教育论坛，开展校校结盟。中国科学院院士李邦河教授寄语：“文理并重学苏老。”苏步青女儿苏素丽、女婿程宜泉曾来校视察指导，原国家广播电影电视总局副总编辑黄勇专程到校为师生作讲座。

孜孜求学、广育英才之余，苏步青经常挂念自己的母校，惦记着母校师生的成长，数次对母校师生提出自己的殷切期望，倾注了许多关注与鼓励，始终关心家乡教育事业的发展。这样的事例还有很多。一九八五年冬，苏步青为腾蛟中学（现腾蛟一中）题写一首赞歌，诗曰：

春风化雨润新芽，培好幼苗开好花。
就地腾蛟铭学府，树人起凤振中华。
百年扶植谈何易，四化图谋路尚赊。
党领吾侪前进日，群星灿烂乐无涯。

该诗表达了苏步青对腾蛟中学繁荣昌盛的良好祝愿。一九九二年，为

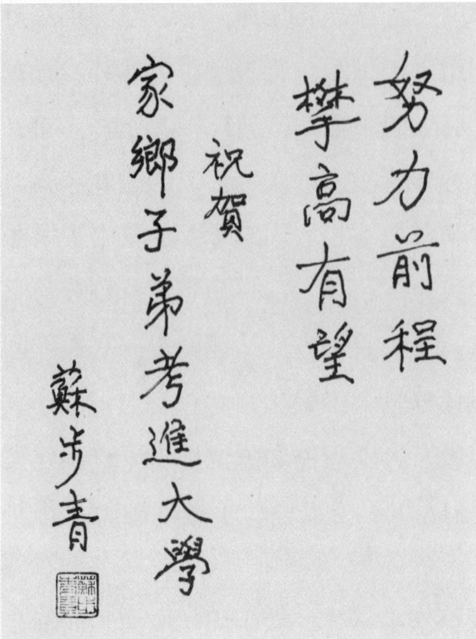

为家乡子弟题词

平阳教委编写的《中小学生法律常识读本》题词，给予殷切的勉励：“青少年学生要有崇高的理想，而为此必须努力学习，自觉遵纪守法，使自己成为‘四有’的人才。”同年五月，为腾蛟金晖小学题写校名。一九九五年，鳌江中学四十周年校庆发来请帖，苏步青送去四个大字“桃李芬芳”。同年，为平阳师范学校和平阳新纪元学校分别题写校名，为家乡子弟考进大学发来贺词“努力前程，攀高有望”，以及为平阳县革命文化史料征集办公室题词“平阳县革命文化史料”。

有一次，苏步青右手按住胸膛对家乡教育工作者说：“我是家乡土生土长的老头，是家乡的山、家乡的水把我养大的，现在年纪大了，没有用了，只有一颗心爱着家乡、爱着青少年一代。”这些发自肺腑之言感人至深。在接待谈话和题词中，苏步青都离不开“关爱下一代”几个字，经常勉励他们要树雄心立壮志，勤奋学习，当好社会主义的接班人。他一生给平阳写的信最多，不少校长如今都珍藏着苏步青的亲笔信。他一而再、再而三对家乡学子们的教诲和祝愿，表达了一位深受人们爱戴的老人的殷殷桑梓情。王增藩告诉家乡一位友人：“苏步青在病床上最想念的还是家乡和年青一代人，他老人家时刻盼望着学子们个个成器、成才。”家乡的学子们虽然大多数尚未见到苏步青和亲自聆听他的教诲，但想到苏步青给他们树立的艰苦奋斗、报效家国的榜样，都鼓起勇气，立志跟着这位卧牛山下的农家子弟，“牵牛去耕天下田”！

苏步青效应

苏步青在培育人才方面，吸取世界上育人的丰富经验，又与国内的实践相结合，提出鼓励学生超过自己的新理念，造就了一批优秀的专门人才。有人在《光明日报》上发表文章，称之为“苏步青效应”。“苏步青效应”是现代科学和现代教育规律的集中体现，是现代科学健康发展的基本保证。苏步青在现代科学的条件下，能发挥这种效应，是最值得尊敬、最值得歌颂的“师道”和“师德”。

苏步青始终没有忘记自己是从平阳走出来的“土生土长的老头”，爱家乡的历史，爱家乡的人民，用他的实际行动，为家乡教育发展摇旗呐喊，情暖桑梓。平阳教育界，更是主动亲近大师，深入解读大师，汲大师智慧之源泉，滋一方教育之兴旺，将“苏步青效应”深深根植于这片热土，枝繁叶茂，以至开花结果。

教育以育人为本，应从塑造灵魂做起。苏步青用一生的奉献为我们树立起了热爱祖国、追求真理；志存高远、踏实苦干；教书育人、励志创新；全面发展、强身健魄；淡泊名利、安贫乐道的高贵精神，是我们受用不尽的财富。平阳教育发展与苏步青紧紧相连，多次组织召开“苏步青教育思想研讨会”，编写《苏步青教育思想读本》，组织广大师生认真学习《苏步青传》《数与诗的交融》等著作。同时各学校深入挖掘教育资源，学习和发扬苏步青精神作为学生励志教育的主要载体。平阳第一中学秉承苏步青题写的“尊师重道、敬业乐群”校训，遵循教育发展规律和学生成长规律，坚持走规范、科学的严格管理之路，以励志教育为重点，注重综合实践，报效祖国；平阳三中创办苏步青数学特色班，大力倡导健康成长、勤奋成才的人才观，做好学习、健身相结合的文章，培养了一大批全面发展的优秀学子；平阳县中心小学立《卧牛山遥》碑，建立鹤亭和苏步青教育馆，把苏步青的生平事迹和诗文编印成教材，让师生阅读。取意《卧牛山谣》的“不料鸡群能立鹤”，打造了小鹤文学社、小鹤书画社等“小鹤”系列学生社团，形成了独特的“小鹤”校园文化系列，引领和激励县小师生们飞得更高；带溪小学依托苏步青勤学成才的故事，充分发挥区域文化优势，精心设计“走近苏步青”系列活动，将苏步青诗文《小溪》镌刻成碑文，编写以《小溪》命名的校歌、校本课程，并且从诗中提炼出“爱国勤奋”“立志成才”作为校训，深入挖掘苏步青精神的内涵，形成独具特色的“小溪”校园文化；水头一小由苏步青题写的校名、苏步青塑像、“步青楼”、苏步青文化长廊和苏步青纪念馆等构成了立体生动的文化育人氛围。学校建立“苏步青队长学校”，创办“步青文学社”等社团，成立苏步青思想研究小组，对苏步青的教育思想做深入的探讨，开展“学习苏爷爷，争做好传人”“苏步青奖章”争章活动等，处处体现步青精神，事事贯彻步青精神；平阳新纪元学校以苏步青求学成才故事为主线，深刻挖掘其精神内涵，形成了独特的“新纪元”校园精神文化。每年三月举办“学习苏爷爷，立志早成才”主题系列教育活动，定期开展苏步青求学成才故事会、苏步青诗文朗诵会、参观苏步青故居等活动，推进学生综合素质的发展；苏步青学校努力营造“严师出高徒，高徒出名师”的教风和“攀高贵在少年时，为学应竭毕生力”的学风，倾力打造温州市数学家摇篮工程基地、温州市小科学家培养基地，培养了许多明日数学之星……

县关工委、教育局和退休教师协会成立讲师团，开展“学苏步青精神，做苏步青传人”校园巡讲活动，积极传播苏步青精神，激励各校师生深入学习苏步青的高尚品德。同时，出版发行了《小溪——苏步青的故事》，作为学校校本教材，积极倡导师生阅读。在很多学校，《小溪》和《苏步青传》是全校师生必读书目。

二〇〇三年三月，平阳教育界特意邀请跟随苏步青二十三年的秘书、复旦大学王增藩教授来讲述苏步青的故事，阐述苏步青的教育思想，以及学习苏步青的心得体会，并为苏步青故居写下“不了情，长相忆”六个大字。据他回忆：“我沿着苏步青走过的路来到平阳第一中学、县小、水头一小、平阳二中、平阳三中、平阳新纪元学校、苏步青学校……所到之处，看到不少学校教学楼和宿舍是当地最漂亮的建筑，听到百姓最关心的话题是学生的升学、进步和发展。我深深感受到平阳中小学教育风华正茂，更加朝气蓬勃。”在座谈会上，平阳县教育局局长应元涨指出，苏步青是平阳近百年来出现的一位国际级数学大师、国家级领导人，是平阳县的无价之宝。苏步青热爱祖国，热爱家乡，品德高尚，是大家的榜样。我们要在教育界掀起学习苏步青教育思想的新高潮，促进教育改革，教导学生立志早成才，成大才……

在苏步青精神烛照之下，万千师生志存高远，刻苦勤奋，拼搏进取，不断丰富自己的精神内涵，沿着苏步青精神灯塔指引的方向，扬起理想的风帆，乘风破浪。全县广大教育工作者以德为先，倾心育人；莘莘学子“学苏步青精神，做苏步青传人”，立凌云之志、竭毕生之力，奋发有为，努力攀高。在这股巨大精神内驱力的推动下，平阳德育成效节节攀升，教学质量年年提升。

苏门平阳两高足

◇ 白正国

因为白正国在苏步青学生中的位置，以及作为平阳本地数学大家，这里设专节介绍。

平阳腾蛟山清水秀，人杰地灵。这里出了闻名世界的数学家苏步青之后，又走出了另一位著名的数学家白正国。他出生于一九一六年，腾蛟镇湖窦村人，著名数学家、博士生导师，是苏步青门下“四大金刚”之一。

苏步青和白正国虽然生长在同一个地方，但相识还是在浙江大学。白正国在温州中学读书时，听说浙大有位数学家苏步青，在日本留学时就很有名气，心里向往拜苏步青为师。

一九三六年夏，白正国高中毕业报考浙江大学，而且志愿只填数学系。考试完毕后，他住在大学路大同旅馆，等待录取消息。有天，天气十分炎热，白正国正坐在走廊上乘凉。出乎他的意料，苏步青竟到旅馆来找他，并告诉他被录取的消息。白正国喜出望外，这是他第一次见到苏步青。苏步青说：“我从试卷中发现你很有数学天赋，才特地来看望你的。”并推荐GH Hardy著作 *Pune Mathematics*，要他在开学前通读一遍，对他寄予很大的希望。白正国从心底十分感激，并下定决心要以苏步青为榜样，去攀登数学高峰。

当时浙大规模不大，数学系每个年级不足十人，全系师生总共只有四五十人。教师少，各门功课照样要开，因此，一般一位教师要教授好几门课。苏步青不仅担任系主任，还同时开设四门课程而且是跨年级的。他上的是二年级坐标几何、三年级的综合几何、四年级的微分几何和数学研究甲、数学研究乙等课。白正国看到苏步青教学很认真，心里既感动又敬佩。学校办学条件虽然差，幸运的是遇上好老师，他相信自己一定能成为好学生。

白正国受到苏步青的精神鼓励，发奋学习，每天认真听课、习题，课余时间还看书，参加体育锻炼，忙得连星期天也少有休息。当时数学系大部分课程没用现成的教科书，而是用教师自己编的讲义，上课时口授，学生要拼命记笔记。苏步青事先认真备好课，特别是考虑能让学生做好笔记，精心设计了板书的格式。这种教学方法效果很好，对学生影响很大，尤其在毕业生中。苏步青这种不断进取、不断创新、奋发向上的钻研精神，在白正国的心里打上了深深的烙印。

抗日战争爆发不久，浙大内迁，在避难的征途中，教学方式很简便，老师讲课，学生记笔记。还有一个极好的经验，就是陈建功和苏步青两位教授创办的讨论班，教师和学生一起讨论课题。这种形式不管在什么地方都适用，白正国深感受益匪浅。

当时，学习的环境十分艰苦，但师生们的心情仍感到愉快。这期间空袭警报频繁，学校暂时停课疏散，学生们都把书带进岩洞里，利用时间复习功课。白正国特别关心苏步青，每次警报响，他首先喊着苏步青快躲。苏步青却是不慌不忙，总要带上一大包笔记和书，唯恐这些资料毁于空袭。白正国看见了，总是抢着前去帮助搬运。

白正国上大二的时候，他的父亲不幸去世了。这样，他的上学也就成了问题。苏步青在自己一家人生活比较拮据的情况下，慷慨解囊，每月从自己工资当中抽出五十元给白正国作为学费和生活费，一直到白正国大学毕业，使其度过最艰难的时期。白正国教授在回忆文章中写道："一九四〇年我因职称问题准备离开浙大，去四川同济大学工作决心很大，临行前理好行装并向同济大学发了电报，然后再到苏先生处辞行。苏先生坚决挽留，和我谈了四个小时，在他的感召下我终于打消原来的主意。但赴任电报已发，苏先生即刻以自己的名义给同济大学发了电报回绝了这件事，并向浙大交涉改聘我为研究助教，这样我就可以全部精力搞科研工作。"白正国也就成了浙大史上唯一的竺可桢校长聘任的研究助教。

苏步青对自己的学生是非常关心的，他的学生每前进一步都离不开他的精心指导。当白正国读大四时，他参加讨论班，选了微分几何，苏步青指定他要读一本德文的微分几何专著。白正国只读了两年德语，这本书的德文和数学内容都较难，他花了一个暑假，靠查字典，才读了开头两章。一九四〇年，白正国毕业后，留校当助教，还到数学研究所进修。当时，他对自学没有经验，喜欢看大部头的数学书，想借以加强基础知识。有一次，白正国正在看一本法文写的数学分析书，即Goursat著的*Counsdanalyse*。该书有三大本，他在看第一本时，苏步青得知后对他说："你这样看下去，要看到什么时候？"苏步青的话启发了白正国。此后，他才选定射影微分几何做主攻方向，把主要精力放在精读有关射影曲面论的专著论文上，同时考虑从中找问题写论文。遇到某方面基础知识不够时，再根据需要，随时学习补充。这是从苏步青那里学到的一条治学经验，即：具备一定的基础知识后便要选择一个专攻方向，从中找出问题，并解决问题，逐步积累，不断改进，以得出创造性的成果；遇到某些基础知识不够时，再随时补充。这样有目的性地学习，印象深刻，易于理解。

苏步青对白正国的科研工作十分关注，他说："你要搞射影微分几何曲面论方面的研究，首先要读一本法文专著，还要读一系列意大利文写的论文。"白正国在学生时代只学过一年法文，没有学过意大利文，因此读这些专著和论文，文字上全靠查字典。后来，他在两三年中，不但读了几本法文和意大利文的专著，还读了一百多篇意文写的论文。苏步青对白正国这种刻苦钻研、认真好学的精神非常称赞。白正国对苏步青的严谨治学的精神更为钦佩。

当时数学系两个专业方向，主要是射影微分几何和三角级数。由于苏步青和陈建功两位导师指导有方，大家又都很努力，不但教学工作搞得很好，在科研上也出了不少好成果，在国际性的数学专刊上发表了一系列的优秀论文。那时，白正国也在中央研究院的《科学记录》上发表了第一篇论文，该杂志是当时我国出版的可以发表数学论文的唯一学术刊物，还是用毛边纸印刷的，采用英文发表。白正国英文写作能力差，恐怕外国人看不懂，所以将论文写好后，请苏步青仔细审读。一九五六年，苏步青在复旦工作，白正国也调去任教，他所写的论文还是请苏步青亲自过目。

一九四二年，白正国写了一篇论文，这篇研究论文解决了世界上很有名气的G.Fubini提出的几个问题，苏步青把这篇论文转交给G.Fubini，他看后很高兴地回了信，对白正国大加称赞，并且说论文发表一般需一年多的时间，他专门向杂志社的编辑建议说应当提前给予发表。如此，这篇论文只用了三个月的时间，就顺利地发表了出来。G.Fubini在临终弥留之际，依然念念不忘白正国为自己破解难题的事，白正国得出的定理被收入G.Fubini的传记中。苏步青在专著《射影曲面概论》中对此做了详尽介绍。由于国内发表论文的条件太差，白正国只得把论文航寄到美国去投稿。但抗日战争时期邮路不畅，没有回音。直到一九四五年抗日战争胜利结束后，白正国才从美国“数学讨论”（Math.Revi）的微缩胶卷上得知自己的好几篇论文已经发表在美国数学会的杂志上。中美通邮后，白正国发表在美国的近十篇论文的单行本也陆续寄来。这些“实物凭证”，使他在浙江大学的学术声誉大为提高。

一九四五年十月，国民党政府派苏步青等人赴台接管台湾大学，他在浙大数学系讲授的两门主课微分几何和坐标几何，改由白正国担任。以后直至一九五二年全国高校院系调整，都是如此，苏步青自己担任研究生的

一九九一年，与早期学生在一起（摄于上海）。左起为白正国、方德植、苏步青、杨忠道、谷超豪

课和主持“讨论班”甲、乙等课程。

一九五七年，白正国在科研工作中，又做出了新的突出贡献。他通过发表一篇英文论文，推广了著名的W.Fenchel定理。这个定理后来被载入《中国数学十年》和《中国大百科全书·数学卷》。我国自然科学核心权威刊物《中国科学》，一九五八年也转载该论文，白正国成为杭州大学在《中国科学》上刊登学术论文的第一人。一九八一年，白正国被国务院批准为博士生导师（杭州大学仅批准三人），一九九一年获政府特殊津贴。后经国家人事部批准，被杭州大学聘为终身教授。

白正国从事教育和科研工作六十年，为国家培养了如谷超豪、王元、杨忠道、董光昌、郭竹瑞、沈一兵、欧阳崇珍、蔡开仁等一大批优秀数学人才。在教学中，一直将苏步青和陈建功创立的“讨论班”读书报告会教学模式保留了下来。每个星期，白正国都要开一场硕士生的读书报告会和一场博士生的读书报告会，一直坚持到他八十多岁，实在腿脚不方便了，白正国还要坚持在家里为学生们开报告会。

苏步青和白正国这一对师生，平阳山村里的学子，犹如腾蛟起凤，因数学结下了不解之缘，情谊长达半个多世纪。他俩用自己的心血，为人类的进步谱写数学研究新篇章。

◇ 杨忠道

美籍数学家杨忠道也是苏步青学生。生于一九二三年，浙江平阳人。一九四二年温州中学毕业，后考入浙大数学系。当时浙大已迁至贵州，杨忠道在大二的时候，才到贵州湄潭就读浙大数学系。

当时浙大数学系根本没有职员，作为系主任的苏步青便总管系内的大小事情。他对学生像对自己的孩子一样，照顾得极为周到。在大学的四年当中，由于苏步青的精心教育，杨忠道无论是哪一学期，平均分数都在九十分以上。据杨忠道回忆：苏步青的努力，大概没有第二个人可以比得上。好几次到他家时，见到他一只手抱小孩，同时阅读数学书籍，还用另一只手写笔记。说他一个人做两三个人工作，不算太过分吧！有这样一位老师摆在前面做榜样，想偶尔偷点小懒也找不到借口了。

大二的时候，杨忠道对理论力学也学得很不错，这门课程是数学系学生的必修课，很难学的一门课程，一般是在大三或大四的时候去学这门课的，即使大三或大四这门课也难以学好，常常是不及格需要补考的多，这一点让人们对他们数学系颇有微词。苏步青见他考了九十分，很是高兴，笑着对他说："数学系多年的怨气，被你一下子出尽了。"

杨忠道上大三的时候，苏步青亲自教授综合几何课。苏步青总是鼓励学生们阅读课外参考书，杨忠道便听老师的话读了一本德文版的射影几何，苏步青又分配他去管理数学系的图书。这对他阅读书籍、查找资料更是方便了，在上大四的时候，他自己找寻题目完成了一篇数学论文，一九四七年，发表在美国的 *eJ.oMh* 杂志上。由于成绩优秀，杨忠道大学毕业之后，苏步青推荐他留校当了助教。在留校当助教的两年里，他边找题目，边写论文，除了在国内发表外，还有两篇分别发表在美国和阿根廷的数学杂志上。

为了开拓眼界，一九四八年夏，在征得苏步青的同意后，杨忠道去中央研究院数学研究所跟着时任代所长、著名数学家陈省身学习代数拓扑，希望在两三年内，学到一些新的知识，再回到浙大数学系。一九四九年，进美国杜伦大学学习。一九五六年起任美国著名的宾夕法尼亚州大学教授、数学系主任等职。在宾大从教三十五年，直至退休。他曾和世界数学会会长蒙哥马利教授合作二十多年，先后发表论文四十多篇，建立了拓扑学中的“杨忠道定理”，证明了戴森猜测和最后解决了布拉施克猜测等，在全球数学界具有极大的影响力。一九六八年他被选为台湾“中央研究院”院士，一九七二至一九七三年被列入《美国名人录》，可以说是著作等身，桃李满天下。

杨忠道一生虽有三分之二的时间在美国度过，但他始终不忘祖国，总想尽自己的力量来回报祖国。在美国留学期间，曾多次帮助母校浙江大学购买了大量重要的数学书籍，为母校师生了解世界数学最新的研究成果和动态，提供了宝贵的资料。一九七九年，曾应复旦大学邀请，回上海讲学。自一九八九年以来，他多次回国讲学，为中国培养现代数学人才做出贡献。

杨忠道是个讲情义、重感情的人。为了报答母校名师的栽培之恩，一九九二年捐资在平阳第一中学设立“苏步青数学奖学金”，并对家乡友人讲起了一段非凡的经历。那是抗战时期，杨忠道从温中毕业后，即考上了浙江大学。当时浙大已搬迁到贵州，因手头拮据，只得随同学到龙泉浙大分部去报名入学，一个学期后，杨忠道筹措了资金再到贵州遵义浙大本部入学。可是，浙大的教务长说他已逾期半年，又没有转学手续，不得入学。在无路可走的情况下，他鼓起勇气到湄潭浙大理工学院找到了苏步青，苏步青十分钦佩他的求学精神，就高兴地收留了他，这才有了杨忠道后来的成就。

桃李芬芳遍大千

出类拔萃的学生，是国家的宝贵财富，是科学发展的希望所在。苏步青总是为他们超过自己的指导教师创造各种条件。在培育谷超豪的过程中，人们不难看到苏步青的智慧和决心。

◇ 谷超豪

苏步青学生之一。一九二六年五月五日生于温州市区。世界著名数学家、国家最高科技奖获得者、中国科学院院士、国际高等学校科学院院士、复旦大学数学研究所名誉所长。

温州中学毕业的高才生谷超豪出于对苏步青的仰慕，投报浙大数学系。入学后，除了听苏步青的课以外，还要求参加他主持的讨论班。当时苏步青没有马上答应，过了几天，才把一篇论文交给了谷超豪，要求在一个月以内读懂。谷超豪以为没什么难的，可打开文章一看，他禁不住额上冒汗了。这篇文章，好像是一幅没有文字说明的地图，要是不花心血和汗水，你真不知道路在这张地图的哪一头。苏步青想检验他的才智和毅力，看看在科学的道路上究竟愿付出几分辛劳。当然，谷超豪最后的答卷，使老师满意。

苏步青和陈建功早年创立的讨论班教学形式，以鸡孵鸭的教学法来培养学生。浙大西迁，苏步青在湄潭的破庙和山洞里，用这种方法培养出几位呱呱叫的数学家。苏步青自豪地说："他们都超过我，鸡孵出了鸭！"在浙大，他最得意的是对学生谷超豪进行训练、提供学习参考资料，鼓励其独立思考，并要求他要提出自己的新见解，在学术上有发展能够超过老师。谷超豪最初搞的是微分几何。后来进入偏微分方程范场理论等领域开展研究，并获得成功。后来，谷超豪也采用"鸡孵鸭"的方法来指导自己的学生，故有李大潜的偏微分方程、控制论的研究，洪家兴的混合型方程研究。谷超豪在回顾自己成才的过程时说："苏步青的严格训练和创新的指导，使我有一个很好的根底，使我的进取心越来越强。这比多读一本书，多选一门课，更为根本，更为重要。"

一九四八年谷超豪大学毕业后，苏步青就把他留校任助教，兼管数学系图书室。当时，苏步青和谷超豪的关系很特殊，苏步青把谷超豪作为接班人培养，不断地给予包括Rie-mann几何学、连续群理论、外微分形式法等等的个别指导，使他很快地领略到E.Cartan的几何学的思想和方法。一九五二年，全国大学各院系调整，苏步青被调到复旦大学任教，谷超豪也同往。从一九四八年至一九五五年，谷超豪先后在浙江大学和复旦大学任教，在苏步青的指导下开始了数学研究生涯，在K展空间、仿射联络空间及芬斯拉空间等方面进行了一系列深入的研究工作，发表了多篇论文，展现出数学方面创造性的才能，迅速成为苏步青引领的中国微分几何学派的学术骨干。到了一九五六年，苏步青认为谷超豪还应该拓展自己的数学领域，到一个更高水平的环境中去锻炼，他和陈建功建议复旦大学党委，派谷超豪到莫斯科大学深造。两年后谷超豪获得博士学位。谷超豪曾回忆说："苏步青的教导在我眼前打开了一扇扇神奇的数学研究的大门，自己后来在数学领域的研究成果，很大程度上应该归功于苏步青对我的引

一九九〇年，与谷超豪、王零在一起（摄于上海）。左起为苏步青、谷超豪、王零

路。”

在许多场合，苏步青不止一次地讲：“我的学生超过我了。”但他又说，“谷超豪只有一点没有超过老师，就是没有培养出像谷超豪似的学生来。”

对恩师这句话，谷超豪深感责任重大。他说：“我在好多地方不如苏步青，苏步青的这句话是在将我的军，要我好好培养学生。”

从教六十年后，谷超豪自觉“可以向苏先生交账了”——在他培养的众多学生中，涌现了李大潜、洪家兴、穆穆等九位院士。

二〇〇一年，谷超豪在参观苏步青故居时写过三首七言绝句：

难忘家乡山和水，清新俊逸见峥嵘。
世人都说莱茵美，只缘未到瓯越东。
地灵岂能无人杰，谢苏二老最光荣。
百岁华年千秋业，设局构图味无穷。

温州竟成数学乡，苏诗砥柱立中流。

百折不挠勤创业，春风教化沐神州。

谷超豪非常敬重苏步青，一生把苏步青视为恩师，在一篇回忆文章中写道："这种收获以及我后来的工作都归功于苏步青对我的培养和指导。"在二〇〇一年九月二十二日的苏步青百岁华诞的庆贺大会上，谷超豪作了热情洋溢的讲话，回顾苏步青一生卓越的成就和他的高风亮节，及对学生培养的严师风范……

对其他学生，苏步青也都为他们的每一个进步感到自豪。同时，苏步青也千方百计地为他们的成长创造条件，如出题目、介绍资料、指导写论文，等等。这种和谐的师生关系，为数学人才的培养打下了坚实的基础。

◇ 胡和生

苏步青学生之一。一九二八年六月生于南京。胡和生和谷超豪，是中国的院士夫妻，也是数学王国的"神仙眷侣"。当年，胡和生是一位聪睿的女生，受到苏步青的器重。苏步青规定，凡参加讨论班的研究生，都要阅读发表在国际数学杂志上的最新研究成果论文，这些论文有英文、德文和俄文的，有的是近百页的长文章，当时没有复印机，单单抄下来也得花许多时间。作为苏步青的研究生，胡和生接受严格训练。在这样的重压下，她硬着头皮复习德文，自学俄文，靠查字典，靠仔细阅读和推导，一步一步弄懂文章的内容和难点，并力求抓住重点。为了达到老师的要求，她终日演算和思索，还常常开夜车到三更半夜。

有一次，第二天上午要在讨论班做报告，她开夜车至五更，实在支撑不住伏案睡着了，直到上午八时讨论班开始还未醒。苏步青在教室久等，见胡和生未到，就匆匆忙忙地赶到宿舍。被咚咚的敲门声惊醒的胡和生，十分紧张地打开门。苏步青见她一书桌的论文和讲稿，再看看电灯还亮着，怒气就消失了，但还是要求胡和生马上随他到课堂去作报告。苏步青就是这样严格地训练学生的。他时常对学生们说："严格的训练，你们才会享受到学习数学的苦和乐。"

胡和生曾在个人回忆录中写道：后来的讨论班上，她经常听到苏步青对学生的报告提问，答得不好的，会被批评、训斥（被称为挂黑板），甚至当场停止报告，责令下次重新报告，等等。这些虽然不是对她的，但苏步青那极其响亮威严的质问声，也吓得她心里怦怦地直跳，对于自己的报告越发不敢怠慢。苏步青不仅要求他们把所读的内容（包括推理和推导）精确无误地表述出来，还要他们抓住中心，把作者的思路简明扼要地叙述出来，所以每次报告，她总是精心准备，反复思考体会，在黑板前看到苏步青带笑点头时，她的心就放松下来了。就是通过这样的训练，她开始学会怎样去读数学专著，掌握其基本内容与方法。

回想起跟着恩师苏步青一起搞研究、做课题时的情景，胡和生很感慨："那时候压力真大，在苏步青的全局把握下，我一边继续学习研究，一边还要指导学生写论文，简直没日没夜，人是处于一种既疲惫又亢奋的精神状态。"为了专心学习不受外界干扰，她当时给自己制定了十六个字的座右铭"专心致志，刻苦钻研，持之以恒，不受干扰"，天天要看一遍，提醒自己。

在学习上要求很严格，苏步青对学生生活却非常关心。胡和生到浙大两个月光景，有一次她生了一场大病，发高烧达40摄氏度，苏步青特地亲自到宿舍看她，要她好好休息、养病，不要急于看书，这使胡和生终生难忘。此外，苏步青了解到当时做研究生的生活津贴很少，每月十二元，只够吃饭。在第一学期临近寒假时，一天苏步青对胡和生说："研究生的津贴太少了，很清苦，下学期可聘你为助教，这样待遇好多了，你考虑一下是否愿意，再告诉我。"虽然考虑过后，胡和生还是放弃这一机会，但她知道这是老师对她的关怀、帮助。几个月后，苏步青与中国科学院联系，把胡和生吸收为中国科学院的研究实习员，使她多了一重身份和一份收入，又和中国科学院数学研究所有了正式的联系。毕业后，在苏步青的推荐下，她担任中国科学院数学研究所助理研究员。可见，苏步青在生活和学业上都尽力为学生提供帮助和发展机会。

一九五二年，院系调整，苏步青与她转入了上海复旦大学。复旦是以苏步青为首的我国微分几何学派的策源地，人才济济，加之老一辈数学家的鼓励指导、同行的互勉竞争，一颗新星就这样冉冉升起。在经典微分几何研究阶段，胡和生在苏步青的指导下，苦读E.Cartan以及苏联学派的经典著作，在微分几何的众多方向进行研究，发表了十多篇论文。这些成果推广并改进了E.Cartan、T.Y.Thomas和苏联通讯院士雅宁柯的研究成果。一九五九至一九六六年期间，胡和生深入研究Riemann空间运动群的空隙性，开创性地取得了所有空隙的一般方法，从而解决了这个被研讨了六十年的疑难问题。因为这项工作，胡和生在国际上有了很大反响。

一九九一年，胡和生当选为中国科学院学部委员（院士），成为当时中国科学院唯一女数学院士，这个纪录一直保持到二〇一七年。二〇〇二年当选为第三世界科学院院士。长期从事微分几何研究，撰有《孤粒子理论与应用》《微分几何学》等专著，并获得国家自然科学奖三等奖、教育部科技进步奖一等奖等多项奖励。

◇ 熊全治

苏步青的学生之一。微分几何学家。一九三五年秋，熊全治进入浙江大学四年级，选定苏步青做他的导师。苏步青指定其阅读克莱因（F. Klein）的《高等几何》，这本德文版的书笔调文学化，不易阅读，但是熊全治还是把它认真地读完，受益匪浅。一篇刚在美国数学会会报上发表的关于二次曲线的一个新射影特性的论文苏步青让他精读，当年十二月，熊全治不但把那篇论文报告完毕，而且受此启发又写了一篇论文《关于二次曲线》（*On the related conics*），于一九三七年用英文刊登在浙江大学《科学报告》上。

浙江大学数学系的优秀毕业生都留校任教，由陈建功和苏步青继续培养。一九三六年熊全治从浙大毕业，根据他的志愿，留校任助理研究员，随苏步青研究射影微分几何，他是数学系第一个专做研究的人员。苏步青开了一门课，讲授他新编的射影微分几何讲义，熊全治一边听课，一边阅读文献，一年内完成了一篇关于射影微分几何的论文，后来刊登在《中国数学会学报》（西文版）。

在浙大西迁宜山期间，苏步青、陈建功、陈仲和、熊全治挤在一个小房间里，熊全治喜出望外。在熊全治的脑海里时常萦绕着当时的情景："苏步青每天一早起床，从不催我早起，也参加四人吃饭的组织，经陈建功推荐，他们的午饭和晚饭的点菜及一切账目全由我办，陈建功每餐都要饮一两杯绍兴老酒，我总是点一个下酒小菜（如两广的名菜白切鸡），四人要谈天时都在陈建功的大房间里，什么都谈，苏步青、陈建功都信任我，当我面讨论数学系里的行政事务。"

日军飞机曾来宜山大轰炸，人们躲警报是常事。在这里住了一年多，熊全治的研究工作始终没有中断。他日夜和苏步青在一起，随时向他请教，因而研究成果显著。在宜山，熊全治共写了五篇论文。

一九四〇年春，浙大由宜山迁往贵州遵义。这里的局势比较安定，苏步青继续讲授射影微分几何，并指导熊全治、张素诚、白正国和吴祖基从事科研，研讨气氛相当热烈。后来学校觉得地方太小，影响教学。一九四一年年初，理学院和农学院迁往湄潭县。在治学方面，苏步青一贯要求学生要养成一个严谨的学习态度和习惯，提倡勤奋练习、积极思考、独立攻关。在湄潭时，熊全治功课在班里算不上太好。有一天夜里，他突然跑到苏步青家里来，一见面，苏步青就问："这么晚了，还来干什么？"他吞吞吐吐地说："明天讨论班由我报告，我怕过不了关，想来请教先生……”话还没说完，苏步青就板起面孔说：“怎么不早来，临时抱佛脚，还能有个好？”熊全治一听，脸涨得通红，二话没说，立即向苏步青告辞，返回宿舍足足干了一个通宵，第二天报告才获得通过。

四十多年过去了，熊全治在美国已是著名数学教授，回国探望苏步青时，曾深情地回忆起这件事，深有感触地说：“多亏苏步青的一顿痛骂，把我给骂醒了。否则，也许不会有今天的成就。”

熊全治在数学的百花园里，倾注了六十年的血汗，使微分几何这朵奇葩在海外、在祖国溢香怒放。一共发表了九十一篇论文，出版教材《微分几何教程》，创办“微分几何杂志”，曾在美国理海大学担任数学教授等职。

八十年代，熊全治写了一首七绝诗报答苏步青：八十超稀祝期颐，芬芳桃李满园时。科学研讨拓荒者，化雨春风一代师。一九九一年九月，苏步青回国执教六十五周年暨九十华诞，熊全治特地从美国赶到上海，参加微分几何国际学术讨论会。在一次酒会上，熊全治为苏步青赋诗一首：科学讨研曾拓荒，满门桃李又芬芳。勋高衣锦众钦仰，仁寿无疆日月长。

◇ 张素诚

苏步青学生之一。著名几何学家。一九一六年四月二十九日出生于浙江省萧山县（今杭州市萧山区）。一九三二年，张素诚初中毕业后，考入浙江省立杭州高级中学。当时，苏步青刚从日本留学回来，在浙江大学数学系任教。一次，苏步青应邀到杭州高级中学作报告，张素诚听了很受鼓舞。

一九三五年他考入浙江大学数学系。除苏步青外，张素诚还认识了系里的陈建功、钱宝琮、曾炯之、朱叔麟等教授，并受到他们的熏陶和影响。抗战期间，浙江大学西迁，张素诚随校前往。当时生活艰苦，但全校师生员工，同心协力，共渡难关。

张素诚于一九三九年在广西宜山毕业，获理学士学位。毕业后留校任助教。和张素诚同班毕业的还有三人：周茂清、楼仁泰和方淑姝。当时钱宝琮作诗贺陈建功、苏步青二先生并欢送学生毕业，遂以毕业生的姓氏为韵，诗云：

象数由来非绝学，群才挺秀我军张。
天涯负笈传薪火，适意规圆与矩方。
黉舍三迁乡园异，师门四度日星周。
竿头直上从兹始，稳卧元龙百尺楼。

一九四二年春，张素诚辞去浙江大学助教职务，接受中英庚款董事会资助，在浙江大学受苏步青指导，从事射影微分几何方面的科研工作。当时他主要研究平面曲线的奇异点问题。一九四三年，张素诚获浙江大学研究院的科学发明奖。一九四四年，获当时教育部的科学发明三等奖。一九四九年，获牛津大学哲学博士学位。一九五〇年春，任南昌大学教授。同年八月，离开南昌大学，任中国科学院数学研究所筹备处副研究员，但暂驻浙江大学数学系，为兼任教授。

张素诚早年研究微分几何，后在代数拓扑学的同伦论方面工作，颇多建树。曾对一类特殊空间（An2多面体）用不变量理论进行描述，被誉为张素诚法复合形。

一九七二年十二月七日，因《数学学报》复刊之需，张素诚回国访问，曾到过国内许多大学，听取复刊意见，还到上海复旦大学，探望了苏步青。没想到苏步青所赐的《射影几何概论》（英文版）一书上，别开生面在扉页题了一首诗：三十年前在贵州，曾因奇异点生愁。如今老去申江日，喜见故人争上游。这不仅打破常人的题词俗话，把师生之情和盘托出，又足可看出苏步青诗艺的高超，文学功底的深厚了。

◇ 吴祖基

一九一五年生于江苏南京市。一九三六年，吴祖基以优异的成绩考上浙江大学数学系。一九四二年，吴祖基获硕士学位，师从苏步青。

吴祖基是苏步青培养出的“四大金刚”之一。在抗日战争时期，苏步青白天在夫子庙里办几何学的讨论班，小小的条桌旁只坐着四个学生——张素诚、白正国、熊全治及吴祖基。这四个人后来都成为著名的数学家：张素诚是中国科学院数学研究所研究员；白正国曾担任杭州大学数学系系主任；吴祖基是郑州大学数学系系主任；熊全治曾担任美国里海大学数学系主任，是国际数学杂志《微分几何》的创办人。苏步青同他的“四大金刚”一起创立了中国古典微分几何学浙江大学学派。

吴祖基毕业后，留在浙大数学系担任讲师。一九四六年，吴祖基随浙江大学自贵州湄潭迁回杭州。吴祖基在教学中做了不少的尝试，为浙江大学数学系的发展做出了很大的贡献。他每次上课都写有详细讲稿，但在课堂上根本不看，有时只在兜里放一两张纸片，偶尔看一看，但讲起课来如行云流水，条理清晰。他很注重板书，边说边写，整整齐齐，每一个字、每一个符号，都经过深思熟虑。抄下他写的板书，就是一份完整的讲义。吴祖基在数学教育上，有着许多独到的见解，如他主张“一个数学”，强调数学各分支之间互相联系，数学教师不仅应在宽厚的基础上能融会贯通地学好各门学科，而且也应有讲授各门课程的能力，他自己就是这方面的楷模。在数学的三大门类分析、几何、代数中，他兼通分析、代数两大门类。他还一直强调学校应以教学为中心，要注意人才培养，提高教师的业务水平。

一九五二年院校调整，吴祖基被调到北京大学数学力学系。一九五八年，吴祖基由北大调至郑州大学，此后一直在郑州大学工作，曾担任数学系主任和中国数学会理事，河南省数学会副理事长、理事长。

吴祖基把毕生精力献给了教育事业，献给了浙江大学，培养了无数优秀的学子。吴祖基主要研究方向是微分几何和数学教育，他为中国的数学发展做出了很大贡献。

◇ 方德植和陈景润

一九二九年夏，方德植以同等学力同时考取了四所大学：南京中央大学、上海交通大学、上海劳动大学、浙江大学。因为听说浙江大学聘请了从日本留学归来的数学教授陈建功，苏步青也即将从日本回国，所以他决定进浙江大学数学系读书。

一九三三年，方德植毕业留校任教，担任陈、苏的助教。在苏步青的细心指导下，他在自己刚毕业一年左右的时间，就写出和发表了让国内和国外的同行专家们所注目的科学论文——《定挠曲线的一个特征》。此篇论文最突出的成就是对法国鼎鼎有名的数学家达布的一个公式做出了重要改进。此后，世界上许多数学家都将他的这个研究成果引入教学课本。当时，科学界有一种论调特别地盛行，说什么“不出洋，科学人才便出不来”。这样的话让中国人听了泄气和气愤，说明我们中国的教育不行。苏步青看到方德植的这篇论文之后，兴奋地说道：“哪个说我们中国培养不出真正的人才？瞧瞧，我们这不是培养出来了吗？”

方德植是中国当代第一个完全由国内培养的、以其科研成果赢得国际数学界注目的数学家。这无疑是对中国学子的极大鼓舞，让他们自力更生，发愤图强。方德植的成就非常重要的一部分就得益于苏步青的讨论班，通过讨论、答辩、研究，学生们写出来的论文就达到了较高的水平，其间的成效是非常显著的。之后，方德植又于日本《东北数学杂志》、意大利《数学年刊》与中国数学会主编的《外文数学》上发表了不少论著。他的有关平面曲线和空间曲线的摄影微分几何的一些研究成果，是当时世界上最新的研究成果，之后被美国、德国、日本等国的射影微分几何教科书广泛采用。

方德植牢记着他的老师苏步青说过的一句话：只要自己肯努力，不一定非要出国。所以，他放弃了三次公派出国留学的机会，从浙大一毕业，他就留校当了苏步青的助教，并且那几年还住在苏步青家里，两个人抵足而眠。他们睡在一张床上，想着数学上的问题，想着想着就睡着了。要是哪个突然想出了答案或者是解题的方法，就用脚把对方弄醒，然后都起来共同探讨，不管是多晚，他们都会如此。他们一边讨论，一边记笔记。方德植的许多数学论文都是这个时期写出来的。

此后，方德植又有了很大的发展。一九五二年，方德植担任厦门大学数学系主任、教授，用他深厚的学识和丰富的经验，为数学系制定出了先进的教学计划与相当合理的规章制度，并且把大量的心血都投注在了图书馆的建设上，因为他知道图书资料的重要性，这也是他的老师苏步青教给他的。他用老师教给他的经验去教育下一代。他和老师苏步青一样对师资的培养极为重视，学老师的样子在厦门大学组织讨论班，并使这个讨论班制度化，注意引导老师和学生开展科学研究。

“筹算纵横五十年，毕生事业一教鞭。春风化雨君应乐，桃李芬芳遍大千。”这首诗是苏步青在方德植从教五十周年纪念时送来的，正是方德植一生教学生涯的写照。

厦门大学的数学系取得了让世界瞩目的教学成就，大数学家陈景润就是方德植培养出来的首届学生。一九五三年大学毕业后，他因表达能力差无法胜任工作，一年后回到福州老家。方德植和时任厦大校长的王亚南得知这个情况，便邀请陈景润回数学系当助理兼资料室管理员，方德植还叮嘱他把研究数学作为主要任务。陈景润没有辜负期望，发表了重要论文，引起数学界的重视，华罗庚写信给厦大，建议让陈景润到中国科学院数学研究所工作，方德植欣然同意。多年后，人们翻看陈景润大学毕业时学校给予的评语，上面有方德植写下的结论：该生适合从事研究工作。陈景润成名后，经常提到方德植一丝不苟的治学作风和提携后辈的高尚品德。

数十年后，陈景润和苏步青同时参加中国科学院学部委员会议，两个人见了面。陈景润恭恭敬敬地给这位老数学家行礼，真诚地说道："您是我的老师的老师，我要感谢您，永远感谢您！"苏步青听了，总是以鞠躬回敬，并且轻轻地对身边的人说："真是个好人。"

苏步青惜才如命，爱才十分果敢。据吴文俊回忆，国家自然科学奖是我国在科技基础理论方面最重要的一个奖项。但自一九五六年颁发第一次奖以来，长期停顿，直到"文革"以后才重新恢复。其中一次，经过几度评审，以陈景润为主关于"哥德巴赫猜想"1+2的成果已被评定为自然科学奖一等奖。为了对评奖工作郑重起见，又多了一次更高层的重审。主持评奖工作的钱三强同志考虑到重审时可能会有人对"哥德巴赫猜想"提出质疑，特邀陈景润作为一位无发言权的列席听者参加这次会议，以备有人提出质问时他可作答。这次会议的参加者除钱三强外，与会的还有武衡、钱学森、王淦昌、苏步青等科技界的高层人士。会上有人提出：陈景润得出1+2，就给予一等奖，如果做出了1+1，又该咋办？话音方落，苏步青就说"那就给他特等，特特等"！语调斩钉截铁，铿锵有声。此后对陈景润得的一等奖，再无异议。

第三章

弦歌声里尽余微

咫尺天涯无限情

一九九三年，苏步青应家乡友人请求，为乡土教材《浙南古城平阳》欣然挥笔题写了《平阳颂诗》：雁山鳌水好云烟，人杰地灵自古然。今日乾坤换新貌，物华天宝更无前。题毕，他欣喜地对来访者说："好山好水，平阳是个好地方！要教育青少年一代热爱家乡。"我们可以看出，平阳在苏步青心中具有深厚情感和崇高的地位。无论何时何地，他始终热爱家乡，除了关心支持家乡文教事业外，也时刻关注和支持家乡的经济社会文化发展，常说只要对家乡有益的事，都乐于帮助。

一九八四年七月二十九日至八月一日，为"增进情谊，献计献策，牵线搭桥"，平阳县首次振兴经济恳谈会在本县昆阳镇召开。来自全国的五十七位平阳籍专家学者应邀出席会议。苏步青在接到邀请书准备来平阳之际，突发趾疾，且年迈天热，眠食均差，未能如愿，只得委派他儿子苏尔馥代为参会，并带来贺信。县委、县府领导对邀请平阳籍知识分子回故乡共商建设大计的工作十分重视。七月二十九日清晨，县委领导特意赶到温州接回代表，当天下午召开隆重的欢迎会。七月三十日上午，与会代表分别参观考察了塘川花岗岩机械配件厂、平阳化工厂、平阳电表厂、平阳造纸厂、平阳氮肥厂等十多家不同类型的企业；参观了平阳一中、平阳县人民医院；考察了昆阳、鳌江的市容建设。当天下午和三十一日上午，分别由县委、人大、县府、政协和农工部、计经委、科委、昆阳镇政府邀请专家分组座谈。三十一日下午进行大会恳谈。在恳谈会上，当时五十二岁的华东化工学院讲师苏尔馥，传达父亲苏步青对县城城南规划改造、重视山区开发、发展造船业以及发展教育、培养引进人才等提出的具体意见建议与发展思路。八月一日，除部分来宾探亲访友外，大家还兴致勃勃地浏览了南雁，并对南雁风景点的开发提出了宝贵意见。当天晚餐，苏尔馥与大家一起在苏步青题匾的言志楼（位于平阳县城南门铁岭村，背依仙坛山，面朝九凰山）用餐，场面温馨且有情趣。八月二日，整个活动顺利结束。苏步青自始至终关心恳谈，并再三热切表示爱乡之情，要为家乡建设贡献聪明才智。

一九八五年春，平阳为解决人才、技术、资源与经济发展的矛盾，决定成立平阳县对外经济科技开发总公司，时任县长和县委副书记分别担任公司董事长和副董事长。为落实上海分公司营业执照事宜，董事会成员黄建国求助于时任全国人大常委会委员、上海市人大常委会副主任、上海复旦大学校长的苏步青。那时黄建国与苏老素昧平生，内心忐忑，没想到苏步青接到电话后，爽快地约他第二天就到自己家里详谈。苏步青用笔认认真真地记在纸上，记得十分详细。他边记边安慰说："不要着急，好事多磨，我来替你了解一下，家乡的事也就是我的事。"当了解到县政府要在上海设立办事处，兴致勃发，并受邀立刻铺纸挥毫写下"浙江省平阳县人民政府驻沪办事处"，落款：苏步青题。后来得知，苏步青为执照批复的事情多次通过电话与有关部门进行沟通，在某些环节上，还耐心向对方做出解释。经过苏步青的联系与沟通，过了半月，注册黄建国为法人代表的上海分公司营业执照顺利批了下来，公司如期开张。苏步青教学、政务繁忙，日夜为国家民族操劳，但对家乡一诺千金，足见其拳拳之心。

为了充分利用上海平阳籍人才的优势，引进智力人才、技术产品，经过近一个月联络和到上海访问，一九八五年五月二十六日至二十七日，由李孟光县长、李海涛副县长带队在上海长宁区政府召开振兴平阳经济上海恳谈会，苏步青、谢侠逊、苏渊雷、周瑞金、苏尔馥等一百八十多位在沪平阳籍专家、学者、知名人士到会。五月二十六日复旦大学举行八十周年校庆纪念活动，作为名誉校长，当天上午召开的庆祝大会苏步青不能缺席，因此已定的上午恳谈会分组讨论苏步青未能参加。五月二十六日下午两时许，苏步青乘坐的国产桑塔纳轿车停靠在上海警备区后勤部礼堂门口，他身穿深灰色中山装跨出车门时，早已迎候在礼堂门口的李孟光县长迎上前去，陪同苏步青步入会场。这时，会场内在沪的领导、学者、专家齐声起立鼓掌，充满浓浓的乡情。在恳谈会上，李孟光代表县委、县府和七十多万家乡人民向在上海工作的平阳籍领导、专家、学者表示亲切的问候，并介绍了解放以后尤其是改革开放以来平阳经济、社会事业所发生的巨大变化，同时也分析了目前存在的困难和挑战，恳请与会同志为家乡经济建设和改革开放献计献策，欢迎大家能抽空回家乡看看。苏步青在恳谈会上首先发言，他代表在沪的家乡游子称赞平阳县领导在上海召开振兴平阳经济恳谈会是个创举。他在会上意味深长地说，自己少年时就离开平阳，但心里一直牵挂着家乡。他说平阳现在经济方面还不发达，但有党的改革开放好政策，有真心实意为民干事的好班子，平阳一定会迎头赶上。他说，发展生产力要靠科学技术，其基础在教育。平阳历来文风鼎盛，希望家乡在教育、科技方面能够抓出成效来。他说，农民特别是山区农民生活还很困难，县里要千方百计带领农民脱贫致富，如马蹄笋、盘菜就是平阳最有特色的农产品，要发动宜种地区的农民多种马蹄笋、盘菜，农技、科委等部门要多给予指导。他说，平阳旅游资源十分丰富，走遍天下，还是仙姑洞（指南雁荡山）最好，希望县里下决心把旅游业经营好。最后他动情而又风趣地说，我是从腾蛟山区走出来的穷孩子，自己能有今天，离不开家乡人民和家乡山水的哺育。现在不少人尊称我苏老，但温州话不好听，还是叫苏老师好，我就是个教书匠嘛！

苏步青在恳谈会上热情洋溢的讲话，使与会者备受鼓舞。他说：

一九九二年十一月，平阳驻沪工作处成立，苏步青与恳谈会人员合影

我首先对平阳工作处的成立表示热烈的祝贺。平阳最近经济得到了很大的发展，这些人了不得。平阳县在温州只能算中等县，要重点发展鳌江经济，逢江必旺，是一个道理。但是也要看到，对面这个龙港啊，也需要关注。我想发展经济需要更多的科技人才，这个很简单，千万不要忘记。江泽民总书记在十四大的报告里讲，振兴经济首先要振兴科技，这是第一句。第二句话：只有坚定地推进科技进步才能在激烈的竞争中取得成功。第三句话：科技进步、经济繁荣和社会发展从根本来说取决于提高生产者的素质，培养大批人才。这三句话，对平阳今后的开创，恐怕得牢牢地记住。我们要发展科学技术，但没有人才的话，终究是搞不上去的，还要抓两面，两手抓。

恳谈会后，苏步青高兴地和与会人员一起合影留念。

两次经济恳谈会的召开体现了平阳的党政工作紧跟中央“以经济工作为中心，大力发展生产力”的重大决策，为之后平阳县政府驻各地工作处成立打下了基础。一九九二年十一月二十七日，在上海中山北一路一二五〇号沪办大厦一一〇三室成立平阳县府驻沪工作处，作为县府派出联络机构。同日，成立联谊会，邀请平阳籍在沪知名人士、上海市区有关领导，省、市办事处负责人，以及平阳驻沪企业代表等六十余人参加会议。九十一岁高龄的苏步青亲临现场，并发表了热情洋溢、鼓舞人心的讲话。当天晚上，上海电视台播放了实况录像，大大提高了平阳知名度，给上海人民留下很好的印象。

苏步青不仅自己积极践行“智力支乡”，还十分扶持、鼓励儿子为家乡经济建设出一份力。一九九一年夏，苏步青让在华东化工学院的儿子苏尔馥副教授亲临平阳县水头镇，为家乡设计、指导、协助创办一家企业——平阳县生物化工厂。该厂特聘苏尔馥长期担任技术顾问。苏尔馥在水头蹲点一个多月，为该厂提供信息、引进设备、技术攻关、开发产品等方面做了大量工作，并从当地资源着手，因地制宜，利用猪皮边角料研制食品级明胶。同时还帮助该厂开发新产品，从明胶中提炼羟脯氨酸（该产品出口每公斤售价一万美元）。经过多方沟通、协商，苏尔馥成功引进上海某停办厂转让设备一套，为平阳生物化工厂节省投资二十多万元。一九九二年四月二日，县政府隆重表彰智力支乡成绩显著人员苏尔馥（县经济发展促进会副会长），决定给予一千元人民币的奖励。

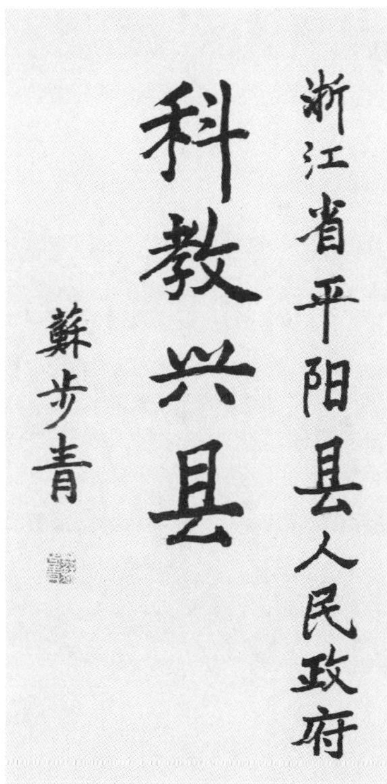

为平阳县人民政府题词

苏步青为了更好地营造尊重知识、尊重人才、尊重创造的社会环境，造就一大批跨世纪人才，促进平阳县经济科技教育和社会发展，倡导设立平阳县苏步青科技基金会，奖励对象为平阳科技进步做出突出贡献的科技人才和品学皆优、表现突出的中小学生。县里成立奖励基金委员会，对基金进行管理，归县人民政府领导，以基金会名义组织评选颁奖。当时多项前期准备工作已就绪，苏步青和苏尔馥均已同意，并于一九九六年五月六日签下自己的名字。苏步青也认可平阳初步设计的奖励证书，他对平阳县实施“科教兴县”工作表示赞誉，并题写“科教兴县”四个大字。后因种种原因，此事中止未成，但仍可见苏步青对故乡的赤子之心。

梦里家山翰墨情

一方水土养一方人。在苏步青的血管里流淌着故乡热土的血液，人离家乡再远，都不能改变苏步青与家乡的血脉相连。家乡人民有请苏步青题字题匾的，苏步青从不拒绝，都欣然应允。他喜欢临摹苏东坡的《赤壁赋》，书法也形成了自己的风格，在七十到九十岁期间，创作了很多条幅。苏步青书法作品曾被中央领导人评价为“书法纯厚，字秀坚真”。

苏步青对于祖籍为平阳县南雁镇的我国林学泰斗陈嵘的史料征集热情支持。他与陈嵘在北京开会时经常相见，两人感情很深。一九九三年，苏步青为陈嵘题词“黉门遗泽，科苑流芳”，现该石碑竖立于南雁镇坎头村陈氏宗祠。一九八五年二月，撰写《缅怀宗一陈嵘先生》一诗：

忆昔金陵趋谒时，乡亲前辈亦吾师①。
十年树木珍标本②，两袖清风旧布衣③。
北海道寒松柏劲④，怀仁堂暖电光迟⑤。
等身著作千秋在，犹自怀公有所思。

诗文附有苏步青注释：①先生原籍浙江平阳，与余为同乡。余少时

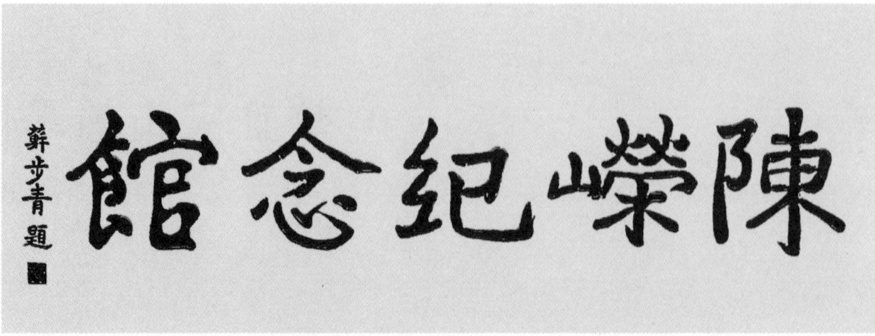

一九九三年，为陈嵘纪念馆题写馆名。陈嵘纪念馆陈杰提供

从父辈聆到先生刻苦求学的事迹；②原金陵大学收藏的植物标本，系先生长期搜集成套的，日寇侵占南京时，赖先生得以保存下来；③从三十年代起，每次拜会先生，都是衣着朴素，令人肃然起敬；④据传先生在留学日本北海道时，刻苦钻研，有一次因受雪阻冻倒；⑤一九六五年前后，先生以中国林科所所长的身份出席一次夜间在中南海召开的会，与余相遇，不料竟成永别。

该诗字里行间，表露了对陈嵘先生的深深敬意与怀念。一九八六年三月二十一日，陈嵘亲属在《湖州文史》发表陈嵘其他史料时，想同时发表苏步青这首缅怀诗，专门写信给苏步青征询他的意见。当时，他正在北京出席全国人大常委会和人大四次会议，回到上海的第二天，就写好回信寄出，说："倘望采纳，不胜荣幸。"

一九八〇年，中宣部委托浙江省委宣传部试办平阳、湖州、诸暨、江山四家报纸。平阳报社即向各地平阳籍知名人士去信去电，要求给予支持，没有几天就收到苏步青的来信并附七绝一首。诗云：

梦里家山几十春，寄将瘦影问乡亲。
何时共赏卧牛月，袖拂东西南北尘。

后面的题识是：“《平阳报》复刊纪念，庚申仲秋，苏步青。”

此珍贵的墨宝刊登在试刊的首期报纸第一版，给各级领导和广大读者很大的鼓舞与惊喜。

一九八八年六月五日，苏步青应邀担任平阳县志编纂委员会名誉顾问，数次参与《平阳县志》编纂讨论会。一九九三年《平阳县志》即将付印时，他又重墨为《平阳县志》的扉页题签，给平阳人民留下丰厚的文化财富。

一九八九年二月三日，乡人为纪念薛氏在平阳南湖乡开创的鼎盛学风，特在宝山殿之水口建造文明亭，苏步青参加完全国政协第四次常委会回沪后，在身体不慎受寒，虽不发烧，但咳嗽未痊的情况下，不负南湖乡亲盛情，题写了“南湖文明亭”匾额和“自古物华天宝，从今人杰地灵”楹联。

一九九二年二月，苏步青获悉104国道平阳县段改造工程将于十月一日建成通车时，高兴地为改道工程而打通的九凰山隧道题字。全省最长的平阳104国道隧道开通，至今在洞口上凿着“九凰山隧道”五个大字，就是苏步青题的。这条公路是通向全国各地的，每天车来车往，多少人坐在车里望见这几个大字，都会知道：苏步青是这里人，苏步青的心贴在家乡里。

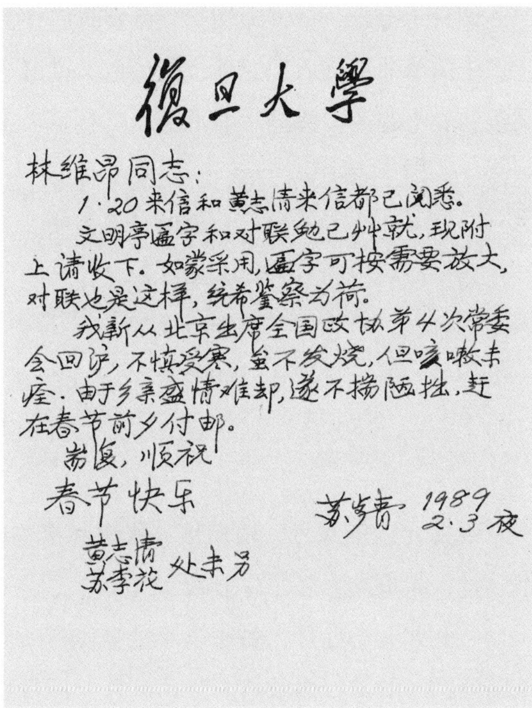
復旦大學

林维昂同志：

1.20来信和黄志清来信都已阅悉。

文明亭匾字和对联勉已艸就，现附上请收下。如蒙采用，匾字可按需要放大，对联也是这样，统希鉴察为荷。

我新从北京出席全国政协第4次常委会回沪，不慎受寒，虽不发烧，但咳嗽未痊。由于乡亲盛情难却，遂不揣陋拙，赶在春节前夕付邮。

专复，顺祝

春节快乐

苏步青 1989 2.3夜

黄志清
苏李花 处未另

一九八九年，写给林维昂的信

苏氏为平阳的郡望，古代苏氏宗贤科举誉称者众。带溪村里牌楼式的苏氏宗祠门台悬挂着苏步青撰书的匾联。大门抱柱上的楹联是：“香火长馨传播先代勤劳美德；祠堂永耸荫庇后嗣创建宏图。”边门上的楹联是：“门对南山钟秀气，堂襟带水挹清芳。”两副楹联的落款皆是“第十一代孙尚龙字步青谨撰书”。

一九九三年春，平阳县民政局给苏步青的信中写道：

> 洪汝兰同志早年参加革命，任平阳县委组织部长，一九四七年在瑞安县石龙乡湖石（飞云江畔）为掩护苏尔启等三位同志而英勇牺牲。温州市烈士纪念馆准备编辑《缅怀集》将党和国家领导人对浙南烈士的题词、手稿编集成册以缅怀先烈，敬请苏步青题词。

四月十七日，信件辗转交到苏步青手中。当苏步青详细地了解了洪汝兰烈士的革命事迹后很感动，然后他又推敲了题词内容，即刻拟好字句为洪汝兰烈士题词，挥笔写下了：

> 纪念洪汝兰烈士
> 忠心赤胆
> 千古流芳
> 苏步青
> 一九九三年四月十七日

一九九三年八月，由周慎、张声和撰写的《碧海仙山 南麂列岛》一书刊行，苏步青为之题写书名。

一九九七年九月，腾蛟镇筹建全县第一个乡镇级文联，镇里给苏步青发聘任顾问的函，他欣然同意。十月十日召开第一届会员代表大会，苏步青还发来贺信。参加会议的温州市文联主席刘文起在会上致贺词说：腾蛟

一九九四年十一月二十六日在上海苏步青家，苏步青、董希华、林纯柱讨论《平阳县志》的编纂工作

镇文联级别虽低（是乡镇文联），但档次最高（还有人民日报副总编周瑞金等受聘顾问）！十二月，苏步青为山门红军挺进师题词“工农子弟兵四海扬威，民族挺进军功绩永存”。

一九九八年十二月，平阳县人民医院将举行六十周年院庆，九十七岁高龄的苏步青为医院书写院名和题词纪念。

在九十年代昆阳镇旧城改造工程结束后，县委、县政府做出了建设平阳县标志性的综合办公大楼——平阳大厦的决定。一九九八年年底，平阳大厦基本建成，由谁来为这座智能性的大楼题名？大家不约而同地想到德高望重的苏步青。县政府就委托驻上海工作处主任江蓓玲前往华东医院慰问正在养病的苏步青，并请他题字。当苏步青听说家乡能建二十一层、两万八千多平方米的现代化智能化大楼，高兴得连连称赞。他仔细询问了大楼坐落的地点、使用功能和投资情况，并愉快地答应一定为大厦题词。他说自己最近手发抖，怕写不好字，请江蓓玲同志一周后来取。不久，便收到邮局挂号寄来的、由苏步青亲笔题写的“平阳大厦”四个苍劲有力的大字时，很难想象这竟是一位已九十七高龄、重病在身的老人所书。

此外，苏步青为腾蛟镇湖窦村口太平军将领白承恩墓前的“天福亭”，书写亭名，为平阳坡南内河埠头的问津亭题匾，为鳌江某门楣题字，为《平阳今况》报纸题写报名，为《平阳文史资料》题签，为平阳民政洗涤剂厂题写厂名，为平阳县中医院题写院名，以及腾蛟赤岩山风景区、南雁荡风景区等都有他的墨迹。苏步青情系桑梓，为家乡的社会经济发展费尽心力的事例真是不胜枚举。

第四章

窗外雁阵笔底诗

家国人生

苏步青不但是杰出的数学家、教育家，也钟情于中国古典诗词，有着中国文人的风雅情致，堪称是一位出口成章的诗人。其一生与诗结缘，从事诗歌创作的时间长达七十余年。曾任西湖诗社名誉社长、浙江省诗词学会顾问。抗日战争期间，他参与创办“湄江诗社”，工作之余，他以吟诗作诗调节，共创作古典诗词五六百首，并著有《苏步青业余诗词钞》《数与诗的交融》，有些诗作被选入《历代诗词选注》和《科学家诗词选》等诗集里，这是很多从事文学创作的人都没有达到的高度。可谓人生旅程，步步诗花。他本人曾感慨地说：“文学和历史是扶我登上数学殿堂的翅膀，它们帮我开拓思路，加深对数学的理解。我吟诗填词，出口成章，很大程度上得益于小时候文理兼治的学习方法。”

他坚持业余写诗，而且十分勤快。他写诗有“三写”和“三不写”。所谓“三写”，即咏人民之志、社会主义之志的写，给人们鼓励的写，有利于中外文化交流的写。所谓“三不写”，即无病呻吟的不写，溜须拍马的不写，客套应付的不写。诗词与数学是怎样结成不解之缘的呢？人们在咏读苏步青的诗篇之后，常会发出这样的疑问。他曾讲过这样一个故事：从前有个围棋名手同对方下棋，对该走哪一子犹豫不决，感到非常烦恼时，蓦然往窗外一望，却见天边正好飞来一行雁阵。他恍然大悟，下了一枚极精彩的棋子。苏步青说："我整天同数学公式、定理打交道，为了不使头脑僵化，读写诗词可起'窗外看雁阵'的作用。"

苏步青可以说是一位多产诗人，他自己承认：

我爱青春亦爱诗，老来闲梦少年时。

他诗作大丰收的年代，大约在二十世纪八十年代至九十年代初，那时的《文汇报》《解放日报》《新民晚报》经常发表苏诗。一些苏诗的爱好者，只要守着这几张报纸，每年都能获得十来首佳作。

一九八一年四月，有一位名叫张官诚的青年工人给苏步青寄来一封厚信，其间夹着苏步青一九六一年发表在《解放日报》上的八首律诗剪报。这是苏步青六十岁时发表的诗作，其中《雁荡山行杂咏》《游灵岩寺中折瀑布》《大龙湫》《将别雁山作》是他最得意的诗作。"文化大革命"初期，他的诗作因抄家而失落。后来他把记得的若干首辑成一册，名为《原上草集》。粉碎"四人帮"后，他又从原载的《解放日报》上将以上八首重新抄录下来，编入《原上草集》，并作了七言绝句一首，以诗代序：

春来原上又离离，晴翠远芳无断时。
野火年年烧不尽，经锄或可化肥泥。

当苏步青读完小张的来函后，深深地为他对自己诗作的精心收集和研究感到兴奋。这些诗作离发表的时间有近二十年之久，他又将自己喜爱的剪报寄赠予自己，想想是多么不容易啊！苏步青立即回函致谢。信中写道："收到四月九日来信，内附有你为我保存十九年之久的八首律诗剪贴，使我重睹了原版。阅读之下，我感激不已。正如你信中所说的那样，这些原稿被'四人帮'打砸抢者抄去，至今未还。四年前，我曾从原载的

《解放日报》重新抄录了下来，收入我的《原上草集》，并作了七言绝句一首，以代序文。为了对你的盛情表示一点儿谢意，除了将来件原封奉还外，特地把这首绝句书写成条幅附后寄上，请哂纳为荷。”

后来，苏步青和小张之间又有几次关于诗作探讨的信函交流。看到青年中也有这样热爱和钟情于旧体诗的，苏步青每次回函都给予一番勉励。

南宋爱国诗人林景熙的故乡也在平阳腾蛟带溪，苏步青和他也算同乡人吧。林氏的思想、诗风，曾对苏步青有过深刻的影响。苏步青诗中不仅反映了他热爱祖国的精神，还渗透着浓郁的乡情。二〇一七年再版问世的《苏步青业余诗词钞》收入诗词五百多首，其中歌吟家乡的就有几十首：瓯江雁荡、卧牛带溪、农家风情、儿歌俚语，都在诗词中尽展风姿。以诗言志、以诗寄情、以诗会友，诗词里有着苏步青的文人风雅和铮铮傲骨。他十多岁就在自己的故居吟出了一鸣惊人的《言志诗》：

清溪堪作带，修竹好当鞭。
牵着卧牛走，去耕天下田。

他少年离家“去耕天下田”，从未忘记故乡，一辈子乡音未改，说自己的诗都是用平阳土话（平阳闽南话）推敲出来的。一个地方的方言所载负的当地文化元素，是另一种语言难以替代的。

有一次，苏步青与客人交谈，他说：“诗以言志嘛，我的诗常常寄托我的真实感情。”

早在抗战时期，苏步青居于西北的一个小镇上，身处“流亡大学”的困难境地，仍不忘家乡父老，以诗词寄情：“画角声声催铁血，烽烟处处缺金瓯。”“万里家乡隔战尘，江南烟雨梦归频。”“归梦几时无？醒后依然万里余。”“遥怜儿女牵衣小，无奈家山归梦长。”有趣的是，在湄潭，苏步青的夫人生下了孪生子女，钱宝琮等教授纷纷为之写诗填词祝贺。其中钱宝琮诗中有这么两句：“荣黎共妍周亲贺，且羡欢跃鳌江边。”一九四四年，苏步青随浙江大学迁校贵州湄潭，因思念故乡，写下了《湄江秋思》：

干戈岁久梦乡疏，每到秋来忆故居。
几树霜枫丹叶后，一灯夜雨白头初。
衰时文字因人读，种菊庭院课子锄。
湄水无潮复无雁，不知何处得家书。

他在他乡看不到鳌江的潮水，见不到南雁荡山，得不到故乡的信息，孤灯夜雨中，乡思绵绵无绝期。抗战胜利后，他赴台湾负责接收台湾大学，很多朋友劝他留在台湾，但他依然决定回浙大。一九四六年三月，苏步青在从台湾归来的飞机上作《忆秦娥》，充满思乡之情：“台湾峡，深蓝一片波声歇。波声歇，孤机遥指，浙东瓯北。白云开处山重叠，晴空万里归时节。归时节，红楼幽楼，菱花新雪。”

一九八五年三月九日，腾蛟镇带溪村人、曾任温州大学兼职教授的王醒吾送家乡盘菜给苏步青。苏步青赠诗一首，寄托乡思：

芜菁远馈佐加餐，乳色呈妍白玉盘。
忆得故乡春已半，可怜卅载未归看。

胸中雁荡嵯峨在

苏步青的家乡诗情在南雁这个主题上表现得最丰富。他信手拈来的牛背峰、羊肠关、千嶂屏、雷响滩等景点名字，无不巧妙地化入诗中。苏步青自一九一九年离乡去日本留学，一直生活在外地，但心中最挂念的就是家乡，诗歌写得最多的也是家乡，其中描写南雁荡风光的诗就有二十多首：会文书院的古风、仙姑洞的香火、碧溪渡的竹筏、顺溪的香鱼、山门的廊桥亦都融入了他的诗里。

一九四三年苏步青写下了《南雁佳景吟》（二首）：“华表双峰下，会文一院孤。滩声留过雁，楼影落晴湖。横笛人何在？飞云看欲无。上方钟罄晚，烟树拥仙姑。”“沿溪千百嶂，孰似此峰闲。对奕层云上，孤盘叠巘间。苍苔藏雨露，冷月洒林关。莫道仙人好，风霜鬓亦斑。”除写了南雁荡山壮丽的美景之外，还有会文书院里飘出的浓浓书香。许是年幼时玩乐之地，都成了暮年之后最美的回忆。其中第一首诗意境幽远，文辞优美，堪称佳作，后被镌刻于会文书院庭院石碑上。此外，南雁荡山景区玉屏峰上有“东南屏障”四字摩崖石刻，屏障的背面刻着苏步青《咏玉屏峰》一诗：

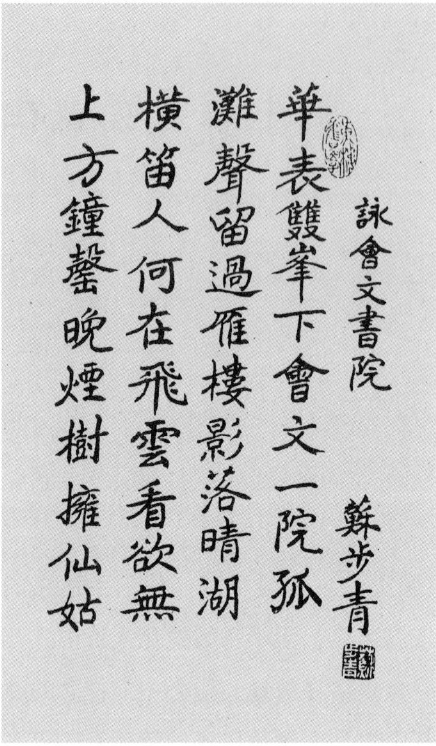

一九四三年，为会文书院题诗

东南屏障险，矗立遏行云。
峭壁央谁削，凡尘从此分。
铄金残照影，染翠古苔纹。
一径云关近，溪声处处闻。

在景区仙姑洞大罗宝殿内还有苏步青所题对联：

仙姑环佩去，千年香火馨赤壁。
雅客舟车来，万里灵山净红尘。

一九四五年抗战刚胜利，随浙江大学在西南山区避战多年的他多想回家乡看看，却苦于没有机会，于是在《梦游仙姑洞，醒后口占》中写道：

梦里仙姑画里行，居然一水竹排轻。
不知窗际寒灯影，竟化山头皓月明。
华表鹤归春有讯，云关雁断夜无声。
可怜咫尺家园路，只为晓钟回未成。

游子的梦里总少不了家乡，窗前的寒灯竟成了家乡的明月。回家之路总是让人感觉又远又近，可能苏步青的心从未离开家乡，那山那水那人那景不在回忆里，其实就在眼前。他的《忆游南雁》《南雁佳景吟》《思乡》《南雁寄怀》等诗中，也都承载了对家乡的深情和对故土的思念。一九四二年，家乡友人在送他的诗中写道：“子规声里情难遣，心逐飞鸿雁荡边。”他和道：“云关千级迂仙道，月牖孤悬印雁行。”

南雁荡山有很多特产，其中香鱼是远近闻名的美味佳肴，自唐代以来，很多诗人都写过赞美南雁香鱼的诗。在他乡异地的苏步青，当接到同乡同学施锵（字声和）的家乡名产香鱼干时，百感交集，感赋：

金鳞远递故人书，从此加餐味有余。
闻道家园秋已晚，西风不用忆鲈鱼。

应该说，自古以来莼菜鲈鱼都是被用来作为家乡的代名词。可是，苏步青在这首诗中就一反常规，将香鱼代替了鲈鱼，南雁的一草一木他是多么爱恋！

一九八五年夏，平阳县地名志办公室负责人通过平阳报社给苏步青写信，请他为地名志扉页题词。苏步青十分珍重乡谊，没过多久，县地名志办公室便收到他的题词：

地灵人杰我平阳，鳌水雁山鱼米香。
众志成城此宏业，书传万古泽流长。

这首诗的题识为：“小诗恭贺《平阳地名志》出版，一九八五年，苏步青。”

此诗前两句现已成为介绍和赞誉平阳的名句，也是一位“数学诗人”对家乡的诗意感慨。大家说，“我平阳”句中的一个“我”字，更令人感到苏步青的爱乡之情。诗中提及的雁山，便是著名的风景名胜地南雁荡山，它与苏步青的老家腾蛟镇仅一溪之隔。南雁荡有九瀑十八洞三十六景七十二峰，是苏步青少年时期十分熟悉和留恋的地方。苏步青还专门写了十八洞之一——《小重山・观音洞》词：“山抱孤城绿乱堆，羊肠三四里，水索回。千松万竹洞边栽，分明是，一幅画图开。堂静燕飞回，晴云寒带翠，锁荒台。刘郎底事暮春来？桃花落，无处问天台。”

苏步青的故居前有座山叫卧牛山，是南雁景观之一。先生本是农家子，小做放牛娃，故多次写道“卧牛山下农家子，牛背讴歌带溪水”“牛背笛横斜日渡，羊肠径逐故园门，秋来处处堪留恋，朱桔黄柑又几村”（《怀南雁荡》）。其实“卧牛山”原指青芝山，这个叫法是近年的事儿。一九八〇年春节期间，腾蛟区文化站成立业余文艺创作组，创办油印刊物《卧牛山》，作为广大业余文艺积极分子的创作园地，同时举办以纪念林景熙为主题的“霁山笔会”。家乡文化站把这一情况写成长信寄给了苏步青。当时任全国人大常委会委员、中科院学部委员、复旦大学校长的苏步青，酷爱文学，听说家乡的青年一代已改变贫穷落后的面貌，有心思开展文艺创作，怎么能不感慨万千呢？于是不顾工作繁忙，及时给他们回信，寄去一张近照，并在照片背面题写《思乡》绝句诗一首，以示支持和鼓励。诗中两方殷红的印章特别引人注目，一曰“青芝诗草”，一曰“卧牛山下旧耕农”。苏步青对卧牛山情有独钟。在卧牛山中长眠近七百个年头的林景熙爱国诗魂的高风亮节，早已在他的心灵上播下了爱国、正直、奋发、求实的种子。而且他小时候曾在卧牛山坡牧过牛，在卧牛山下车过水。恰在那个时候，他在《温州日报》又发表了《卧牛山谣》，在他早年就读过的平阳县小，《卧牛山谣》被镌石竖碑，示范众生。苏步青对卧牛山的深厚感情进一步激发了腾蛟业余文学工作者的创作热情，他们欣然决定把“卧牛山”作为内部发行文艺刊物的刊名，并由苏步青亲笔题签。卧牛山由此得名，卧牛山从此出名。

苏步青在一九八三年二月退居二线、荣任复旦大学名誉校长后专门写了《退居二线后感赋》：“故乡遥在雁山陲，久客江南忘却归。虽未龙钟应服老，岂因虎肖便扬威。百年心事今奚似，四化胸怀昔所稀。只为盛时歌颂党，退居闲咏几篇诗。”对归来的盼望、期待，一直深深召唤着这位在外游子。

苏步青爱南雁美景，也爱南雁的风物。一九九三年一月二十六日，苏步青应家乡《南雁》刊物请求，在复旦大学撰写《平阳农家谣》。在这首农家谣的引言里，他写道："老家僻处浙南山区，幼时听惯农家民谣，至今不能忘怀，兴来爰为命笔成章，聊充雪泥鸿爪云耳。"

农家谣道：

家乡僻壤多山丘，大者雁荡小卧牛，

幼年不识山水幽，牛背山歌自在讴。

正月灯，二月鸢，三月四月麦枯秆做鬼叫。

五月时节闹纷纷，江边击鼓划龙船。

大舅二舅跑去看，独家女婿无衫难出门。

六月天，七月火，夜夜车水够辛苦，只怨老天不下雨，谁管双星临河渚。

早稻熟，尝新欢，中秋月饼大如盘。煨！

杀鸡请外婆，外婆吃不了；请喜鹊，喜鹊要讨添，抓来打嘴边。

九月十月忙收割，农事未休侵小雪。一年到头当土猴，冷在风，穷在债，得去仙姑洞烧香，拜求保庇明春交运来。

诗词双美

苏步青以平阳为主题的诗词，无论感怀、杂咏、赠别、口占，每一首都是缘情而发、缘事而作。诗里有他个人的生活内容，也有他个人的真挚情感。下面抄录几首情真意切的佳作，以窥一斑。

忆游南雁 并序

祝公廉先赠诗有“子规声里情难遣，心逐飞鸿雁荡边”之句，余酷爱之。因忆旧游，乃有此作。

仙姑古洞绝幽凉，玉笋金芙出翠墙。
渡口风清牛背笛，峰边雾隐鹤栖堂。
云关千级迂仙道，月牖孤悬印雁行。
俗骨无缘身已远，时时犹梦宿禅房。

将别雁山作

小住名山白露前，芒鞋竹杖亦飘然。
人民已作当家主，风月无须买路钱。

远近奇峰称百二，高低飞瀑可三千。
他年如有旧游梦，应落灵岩双笋边。

雁荡山行杂咏

七夕舟中二首

一

此行不为疗乡愁，自爱名山十日秋。
玉笋金芙萦客梦，良朋老伴共归舟。
无由凌宇跨仙鹤，偶尔得闲盟海鸥。
日暮凭舷风又熟，申江北望思悠悠。

二

大赤洋头晚浪平，沈家门外暮烟生。
归帆成点望中白，新月欲弦云际横。
风送铁轮逢七夕，露凉银汉看双星。
年年天上别离恨，换了人间无此情。

将归吟

几日东风冷暖间，归欤且浣旧征衫。
斋宵懒舞鸡声远，弦索生尘雁柱寒。
梦自无聊醒更寂，功应有望路仍艰。
不辞衰老敲边鼓，敢助青年闯险关。

村　居

江村落木初，修竹荫孤庐。
麦秀风千亩，牛归雨一墟。

客谈天下事，潮送故人书。
乱定知何日，投荒万里余。

南雁佳景吟

突兀碧溪南，将军何处参？
岩边无大树，足下有寒潭。
铁甲冰霜冷，铜驼草露涵。
雁山明月夜，应共影成三。

备注：将军岩在观音洞下碧潭旁，以形著名。相传李广将军胜利归来而未封侯，常立大树下以自慰，故有大树将军之称。

和问翁七律原韵（四首）

一

八年漂泊历冰霜，故国初飞雁一行。
定后乾坤仍看剑，乱余行李不须装。
山川迢递人离别，鬓发萧疏泪暗伤。
只恐归时交旧尽，家乡未必胜他乡。

忆雁荡

梦里云烟寺里钟，十年雁荡芥吾胸。
乞开长夜雄鹰翼，去探清晨玉岫妆。
媚骨难依千石佛，归心永忆一帆峰。
何时再得轻腰脚，百二嶂前闲拄筇。

呈林烈敷前辈

筹边举世仰君游，匹马曾经地尽头。
远志一身浑是胆，壮怀双鬓不知秋。
重逢湖上河清日，新系镇南关下舟。
倘许他年闲岁月，相从雁荡可消忧。

林竞字烈敷，旧浙江平阳县镇南关（今苍南县马站）人，早年曾遍历新疆天山南北。

苏步青的诗词已成为亲朋好友、教育界同人以及对外友好交往的最佳赠品，甚至来自美国、日本的著名数学家向苏步青索诗，他都一一满足了他们的请求，将诗写成条幅，赠送给他们，也由此将平阳推向全国，走向全世界，为世人所共知。

作家评论苏步青的诗作

作家吴欢章在咏颂苏步青的诗作后说：苏先生是感情极为丰富之人，在他笔下所抒发的个人亲情、友谊，往往同国家之忧思、民族之大义脉脉相通。他的《夜饮子恺先生家赋赠》从“春风已绿庭前草，且耐余寒放眼看”诗句中不难发现他们对当时国民党统治的不满，以及对寒冬终要过去、春晖即将降临的展望。苏步青无心做诗人，但他那持久不衰的生活热情、丰富多彩的人生阅历、渊博的学识、深厚的文学功底、娴熟的表现技巧，却使他每有所作皆臻佳境，成就为一位真正的诗人。

周斌武教授认为，苏步青每一首诗或词，都是凭他天赋的智慧与才华、深厚的功力与文学修养、熟练的写作技艺而写出来的。古人说过：“诗之工在于才，意之达在于识（见解）。才识相互为用，则诗道备矣！”这就是说，诗人无才则诗难工；无识，则意难达。但是，诗人的才识不宜在诗词里流露。苏步青有才华、有学问，但他写诗，从来不矜才恃气，用古人的话说，即“不以才学为诗”。苏步青是科学家，但他写诗偏重想象，善用形象思维；“不涉理路”，不以议论说理为诗。苏诗诗体雅正，由于真体内充，故诗情豪放，意简而句健，言直而意切。因而诗味也十分深厚、意彻气贯，气胜而不怒张。在他的作品里，既没有诽谐怒置之词，也没有碌碌草草之句，更没有“大人气”与权威气，这可以说是苏步青诗作的一大特色。看来，苏步青的这位学生还真读出味道来了。

诗人肖岗在读了苏步青的《生死谣》后评论说：“自然。”诗的内涵，不只是上面说的。苏步青认为：大至宇宙，小至原生生物，这万千世界，无不都在发展、变化。不断以新的代替旧的，旧的不断死亡，新的不断产生，这才是自然发展史，这才是人类社会发展史。诗把我们引入了一个既广阔又现实的境界，使我们浮想联翩。我们感到：作为一个革命者应当以这种历史唯物主义、辩证唯物主义的观点对待世界、对待历史、对待人生。用这种观点认识“四化”建设，那就应当认识到：建设“四化”的过程，不能不是一个不断改革的过程。新陈代谢有发展，才是进步。害怕改革，死抱老一套，老框框，只能走向历史的反面。为什么要对改革杞人忧天呢？天是不会塌的！苏步青这样满怀激情地说：“坐地日行八万里，会有一天地球停转凋残而后已。星星相撞发奇热，物质千秋永不灭。空间重复积成能量埃，千万亿年后，依旧五彩星云灿烂满蓬莱。”即使地球走向毁灭，也只是物质运动的又一个新阶段的开始。

第五章

乡音未改鬓毛衰

苏步青对故乡无限热爱，总怀有深深的不了情。一九八〇年撰写《无限怀念我的故乡》一文，载于《浙江日报》上。开头一段写道：“我的家乡是浙江最南边平阳县的山区，尽管它是穷乡僻壤，从来没有听说出过什么大人物，但是我却非常怀念它，无论走到哪里还是想着它。因为我是在那里长大的，放过牛，种过田，大部分的同辈人全是农民，逝世了，可是我的脑子里似以为他们还活着……”

一九一九年七月，刚满十七岁的苏步青，在岳父马德全资助四百大洋和一批衣物，以及在温州中学校长洪岷初的间接资助下（洪岷初校长资助苏步皋赴日留学，第二年，苏步青留学日本，恰巧步皋在日本学校已补官费，于是将余资再资助了苏步青），怀着一颗报效祖国之心，前往日本留学，此后相继在杭州和上海工作、生活。但他始终乡音不改、心系故土，与家乡亲友、同人多有往来。他在生活中可亲、可爱、可敬，对家庭、朋友他也用心经营、真心对待。苏步青是仁者、智者、乐者，在平凡的点滴中闪烁着美好的个人品质与修养。

手足之情

苏步青的大哥苏步皋，是著名化学家。小时候天资聪颖，先后以第一名毕业于平阳县立第一高等小学和温州省立第十中学。因为“敏于思勤于学”，深得学校诸师长器重，当时十中教师认为平阳步皋步青（苏步青当时也在十中求学）“昆仲联璧”，可与“眉山昆仲”（苏轼、苏辙）相媲美。一九一七年苏步皋东渡日本，考取东京工业大学应用化学科，因为“学术拔群，品性善良”获该校创建二十五周年纪念奖。一九二四年，学成回国，先后担任上海、杭州造纸厂工程师和军政部上海兵工厂制药厂技师，负责制造无烟炸弹供应北伐战争。一九三二年三月十五日父亲苏宗善逝世，他离职返回平阳，侍奉母亲。民国二十四年，因为地方再三邀请，他担任平阳县政府建设科科长，供职五年期间，为建设乡邦，他不遗余力。直到现在，平阳人还不会忘记苏步皋为集资筹建全县乡村电话而奔走劳顿之事，以及带头筹资、设计并最终建造腾蛟镇联安桥。抗战时，苏步皋正任浙江省铁工厂工程师，当时沿海地区遭日寇封锁，他创制的人造汽油，解决战时油源紧张的困难，受浙江省政府颁发的奖励，并任浙江省铁工厂厂长。在任期间，他创建的“三酸烧碱”对军用工业和民用工业的贡献巨大。抗战胜利后，受聘赴台任职，在林业试验所、工矿公司等机构任职。在台期间，手订“劳资互惠制”推行于二十余座工厂，连续十年率团查公卖局所属厂矿业务，建议实行兴革事宜等，对台湾工业崛起和经济发展起到积极的推动作用。

中华人民共和国成立后，苏步皋一直无法与家乡的亲人取得联系。他与人谈起少年时期读书情景时，便潸然泪下：父亲送他到平阳县、温州城读书，亲自为他挑送行李食物，跋山涉水，两肩流血，却宽慰他说“使汝长而有成，吾甚乐此而不觉苦”。苏步皋家人按照其生前嘱托将有关他的两大箱子资料，委托在台湾经商的苏氏宗亲带回故乡腾蛟。

步皋、步青两兄弟从小一起长大，苏步青比苏步皋迟两年到日本留学，考进了东京高等工业学校。后苏步青在日本留学期间，得到了同在日本学习的哥哥许多鼓励和帮助。回国后，兄弟俩也一直互相扶持，苏步青在浙江大学工作期间，曾靠大哥接济过。苏步皋因无子嗣，苏步青将长子苏尔滋过继给苏步皋。一九四五年苏步皋应邀到中国台湾工作，后一直留在台湾。苏尔滋在台湾跟着大伯、大伯母长大，留学美国，获得纽约州立大学的博士学位，学成后回到台湾，任台湾大学物理系教授，改名为苏德润。在《当代温州人物》一书有记载苏德润个人事迹：苏氏科研及教学成就斐然。在学术方面，专精理论物理，尤精于相变理论、固态物理、场论等，曾发表论文数十篇，刊载于世界各地各类学术性杂志，他还被美、英、加拿大等国列入《国际名人录》。二〇〇一年夏，苏德润给腾蛟苏氏宗祠撰写对联：崇永怀泉孝奠家国兆万族内通道远，公正尚德志尊宇宙亿代子孙全嗣业。二〇〇六年三月五日，苏德润给苏素丽挂来越洋长途，兄妹俩叙得最多的是亲情乡情。苏步青病危时，由于两岸不通，苏德润没有及时得到消息，也无法赴上海给生身父亲送终奔丧，他说这是他一生最大的遗憾。

长期以来，苏步青不仅想他的大哥，还同样想自己的骨肉。然而，因为政治原因，台湾和大陆三十四年不能互通信息，直到一九八〇年才和台湾的亲人取得联系，然而还是不能见面。他给台湾的亲人寄诗道：

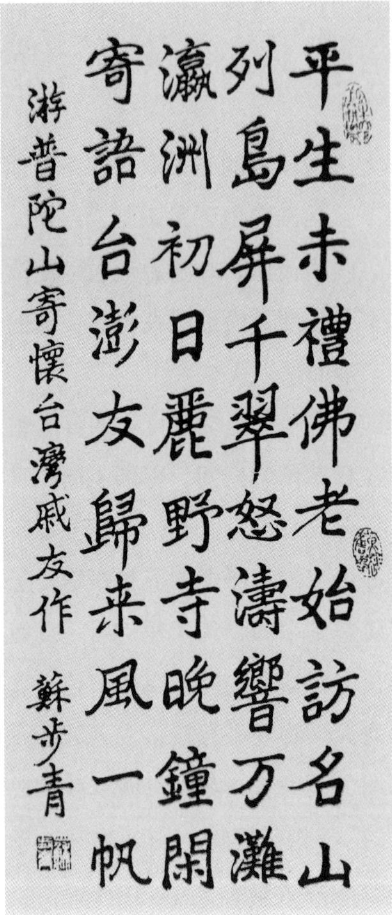

一九八二年，为台湾戚友题写的书法作品

平生未礼佛，老始访名山。
列岛屏千翠，怒涛响万滩。
瀛洲初日丽，野寺晚钟闲。
寄语台澎友，归来风一帆。

河淡星稀夜色幽，一年佳节又中秋。
共看明月思千里，欲御长风行九州。
丹桂无因栽玉宇，嫦娥何事在琼楼。
何当携手共团聚，消却年来两地愁。

扫净乾坤月正圆，中秋国庆两争妍。
已开千载辉煌业，更盼九州团聚年。
骨肉无由长暌隔，山川自古本相连。
人民十亿女娲在，定补鲲南一线天。

……

苏步皋于一九九一年在台湾过世，享年九十五岁。噩耗传来，苏步青悲痛不已，亲笔作了一副挽联，寄托哀思：

大哥千古

四十四年如电驰不信骑鲸真永别

百亏五岁终仙逝犹期跨鹤重归来

二弟尚良（步青）哀挽

珍爱家人

对苏步青而言，家庭是十分重要的精神支柱和快乐源泉。苏步青与妻子互相爱护、照顾家庭、抚养子女。苏步青对子女既严格要求，又关怀体贴。在他的言传身教下，其子女都成长成才。

一九三二年，他们大家庭分家，苏步青的母亲跟着儿媳妇马伯华和孙子苏尔馥一起过日子。当然那时候苏尔馥年龄还非常小，什么事都不懂，苏步青的母亲已经六七十岁的年纪，家里的重担便由马伯华挑了起来，凡是体力活几乎全是她一人的事，家里的四亩田地也由她一人来操持。那时候的女人都还裹脚，裹了小脚的女人走路行事很不方便，干活更是困难。然而马伯华是一个很坚强很能干的女人，除了耕种和收割的时候请一些散工帮忙之外，其余农活全是她一人在操持。

有一年夏天，为了照看秧田里的水，她在田里一直干到深夜，那时天上没有星星和月亮，一切都是黑乎乎的。在回家的途中，她很是害怕，可是越是害怕，越会出问题。地方上无赖之徒，看不惯马伯华是个洋博士的老婆，装扮成鬼怪突然从山弯里跳出来，恐吓和辱骂马伯华。马伯华被吓得浑身发抖，一脚高一脚低地直跑到家，瘫坐在椅子上，连气也喘不过来。

苏尔馥长到十一二岁的时候，虽然身体瘦弱，但还是能干些活儿，等到学校放假他就到附近的手工卷烟厂里当童工给人家干活，以减轻母亲的负担。他一向很心疼母亲，母亲既善良又倔强，使他心中产生一种长大后要好好照顾母亲的强烈愿望。

后来，苏尔馥考入了温州中学，这便更加重了家里的负担。那时候，苏步青在学校里经济收入也很少，还要顾一大家子，很不容易，然而才智往往都是从困境当中生出来的。马伯华便在自己父亲的指导下开起了酿酒和酿醋的小作坊，以后，又做布匹和棉纱的小生意来设法赚钱补贴家用。马伯华以自己的能干和勤俭的作风赢得了乡亲们的一致称赞。她不但把自己的家操持得很不错，同时，她看到别人，比如亲友和邻里有什么困难，也都会热情地伸出手来帮一把，博得“好婶婶”“好婆婆”之美称。她总是对自己的婆婆说：“步青在外当大学教授，干大事，我必须得让他对家里放心才是，不能给他拖后腿。”甚至于一九五六年，苏步青忙于学校教学和科研工作，未能赶回老家，其母入土之丧事也完全由马伯华一人操办，尽到做儿媳妇全责，以支持苏步青在校工作。

这时候他们家已经有了一男一女两个小孩，虽然经济上很紧张，然而，马伯华不管自己是如何省吃俭用，在孩子们的教育上从不吝啬，很舍得投入。苏步青也是同样，在维持全家最低生活水平已不容易，更无多余的钱供子女上学缴纳学费的情况下，宁可在浙江大学搞好教学外，挤出时间到中学去兼课，得到一些额外收入，作为培养子女读书的费用。这就是一个书香门第、知识分子家庭的显著特点吧。马伯华总是对读书上学的孩子们说：“你们可一定要争气呀，要努力学习。看看你们的爸爸和伯父都是留学生，爸爸还是博士、大学教授。家里不管怎么穷，怎么困难，当妈的就是当衫当袄也会供应你们读书的，以后你们也要像你们的爸爸那样考上大学，当个教授，成为有出息的人。”孩子们听了母亲这样发自内心深处的话语，知道话的分量，都把这些话牢牢地记在心里。

苏步青同样十分惦念马伯华母子。在八年抗战局势那么动荡，社会那么混乱，交通又是那么困难的境遇里，曾几次冒着危险，翻山绕道回来探望他们。苏步青每次离开，马伯华都噙着眼泪送到村子路口，心里在默默地祈求上天，保佑苏步青一路平安。

从一九三二年在浙大任教以后，苏步青每月寄二十块大洋给马伯华做生活费，一直到一九三七年抗战开始，苏步青随浙大到贵州后中断联系。抗战胜利后，苏步青不定期地给予家里经济补贴，并经常邀请马伯华到杭州居住。为了苏尔馥和苏素丽在温州读书方便，以及让马伯华享受城市的晚年生活，一九五三年苏步青特地花了三百五十元在温州木构巷买了几间平房，同时支付儿女全部学习费用。后又通过组织，将苏素丽夫妇从安徽调到温州，以便照顾马伯华。一九五七年，苏步青荣获国家科技一等奖，所得五千元奖金也给了马伯华两千元。一九四九年以后，苏步青收入稳定，遂每月给马伯华二十元生活费，即使在“文革”期间也是如此。“文革”以后，随着苏步青工资恢复及增加，苏步青给马伯华的生活费也逐步增加。另外，马伯华的医药费，包括几次住院费用均由苏步青承担。一九九三年三月，马伯华因病辞世，享年九十二岁。

苏素丽是温师院数学系教师，六十多岁还活跃在教坛上，工作一丝不苟。她说她的家传遗风就是“认真”。苏步青给平阳一中学生的题词“成才在于勤奋与坚持”她也一直挂在嘴上。有一事令苏素丽印象深刻，十分难忘。一九六一年正值国家困难时期，她还在大学念书，苏步青为使她能掌握时间，托人买了“上海牌”男表给她。此表一直陪伴到一九八一年。后来手表不走了，托人捎带请苏步青叫人修一下，几天后，苏步青不但将修好的表退还给她，还另外捎来一只海鸥牌女表，兑现了“爸爸二十年后再给你买只手表”的诺言。是啊，素丽读书工作四十年，一直戴着苏步青给的手表。

苏素丽回忆道：“平时，遵医嘱父亲喝少许白酒，但对菜要求不高，只要几粒油炸花生米就可以了；吃饭亦简单，往往泡一碗紫菜汤也能应付。记得困难时期，父亲在一封来信中曾写道‘寄米虾米一包和附条都已收下，当今物价上涨，像虾米之类的食品变成了极其宝贵的东西……’不过父亲最爱吃的还是家乡的芋艿头，每次从家乡捎来，父亲总要写信致谢。”

苏素丽的丈夫深情地谈起与苏步青的一次相见：那是一九七一年冬日，他由温州回皖，途经上海。船至沪已晚，到苏步青那儿已是半夜两点，苏步青仍在孤灯下静候。见到他，不由分说亲自下厨炒鸡蛋饭。当得知他已购了返程火车票，便说：“吃了饭就走吧，还是少在这里停留为好。一则你工作忙，再说家里地方也小，另外，唉……”并提着行李执意要送到公交车站。当他透过车窗，看到寒风中站立的老人，背后是长长的回家的路，眼圈不禁发酸。要知道，当时七十岁的苏步青正处在被管制之中……

苏尔馥回忆道：“一九五二年，我考入上海华东化工学院，入学报到那天，父亲亲自到北站来接，并多次问起马伯华和其岳父的身体状况。此后几年内，苏步青常常来化工学院看望我，有时还给零用钱。一九五八年，自己结婚时，父亲亲自送来一个大红包，作为结婚费用。自己与妹妹苏素丽共同为父母亲庆祝八十、九十寿诞。父亲临终前，曾嘱咐家乡亲人，要与结发夫妻相伴终生，去世后将一半骨灰放在马伯华身边。”

苏尔馥、苏素丽在《父亲对我们的教诲》一文中写道：你们要好好读书，做一个有志气、有出息的人；若不读书，就一辈子拿锄头种田，不识字，苦一辈子，还苦了子孙后代！同时还写道：父亲是一个很普通的人——至少他是如此说的，交谈和来信中都自诩是个穷教书匠。大概受父亲熏陶，我们兄弟姊妹中大多数都是大学和中学教师，可谓教师大家族。

苏步青儿子苏德洋，抗战爆发时，浙江大学西迁，苏步青将他送回平阳水头镇小南的浦底，那儿离老家腾蛟不算远，并在水头镇小学读了一年书，后又随父母转学贵州遵义、湄潭等地。抗战胜利后回到杭州，一九五一年考取交通大学机械系。一九五五年毕业后在兵器工业部所属设计院、工厂工作。一九六四年调到上海交通大学精密仪器系任教授，直至一九九四年退休。曾经从事多学科的工作，其中有兵器工业工厂设计、兵器制造工艺和精密仪器专业的教学和科学研究，一九九三年开始从事废水处理ICEAS工艺有关专用设备的设计与建造。发表多篇论文，有多部著作出版。

苏德洋曾对来自故乡的记者，回忆起老家模样：记得自己在水头镇小学读书时，常有日本飞机袭来，警报一响，小孩便随大人疏散到田野中去。有一天，他们家的烟囱着火了，喷发着火焰，浓烟滚滚，奶奶发现后大声叫喊。只见不少大人纷纷上房顶救火，特别是大家用水淋淋的新鲜海蜇往烟囱里塞，给他留下了深刻的印象。

他们家人多，在平阳老家，每天吃饭时铁镬里一半是大米另一半便是番薯干，菜也很简单。记得那时平阳乡村还很落后，厕所里没有手纸，用的是竹篾黄，很不适应。一年后，父亲又把他们接到了贵州，以后再也没有回去。一直至二〇〇一年，苏步青百岁诞辰时，他们再次回到老家，家乡已发生了翻天覆地的变化，认不出来了。尽管如此，他对家乡仍是很有感情的。

一九七八年，苏步青给苏德洋写了一首诗："老泉发奋读书迟，犹见一家三大师。我作畴人千载后，高山仰止梦峨嵋。"勉励苏德洋用功做学问。此诗至今苏德洋还珍藏着。

父子一次人生谈话

苏步青与苏尔馥有过一次人生谈话，时间是一九九五年十一月二十二日下午，地点在上海衡山宾馆六〇六室。苏尔馥以《爸谈青少年历史》为题做了记录整理。全文摘录如下：

祖父是个很精明的人，人称“十一算”。有一次乘船到温州十中读书，同船人不知父在，讲起祖父是“十一算”，父即驳“给你算什么来”！祖父在分家时只分到三分田，平时吃番薯饭，省吃俭用，节省下来的钱给两个儿子读书，眼光很远大。父认为自己会有今日的学问、地位、名望是祖父严格教育的结果。从小祖父即教育“若不好好读书，即拿锄头种田”“不劳动不得食”……

父幼时，割草、看牛，读书后寒暑假回家，第二天即参加田间劳动，挑肥、铲地、割麦、插秧。夏天晚间踏水车引水灌田，开始时由于不熟练，踏水车时，小腿被水车踏板撞擦，都出血肿大，痛得彻夜不眠，第二天照样劳动。就是十七岁到日本留学，寒暑假回国结婚后，祖父也只许休息一天，第二天照常劳动。

在父年幼时，常听祖父母和邻居讲些小故事，像太平天国反清（乡人称为“长毛反”）故事，在平阳反清的农民起义如“金钱”（以清代铜钱为标志的造反组织）、“白布”（头包白布为标志的团练）的故事，使父从小逐步对文学产生兴趣。稍长大后在家劳动之余，骑在牛背上唱唐诗、山歌，从邻里借来《水浒》《三国演义》等古典小说，似懂非懂地读了起来。在水头读高等小学三年级时，经陈玉峰老师启发教育后，除了勤奋学习学校规定的课本外，还背诵《千家诗》《唐诗三百首》《宋词》等。一九一五年春天，十四岁高等小学毕业。因当时温州第十中学是秋季招生，因此有半年时间在家，一面参加田间劳动，一面借了《左传》从头到尾熟读，能背诵不少《左传》的文章。一九一五年秋考入浙江省立第十中学，一年级就喜欢国文，曾按《左传》中程婴救主笔法写了一篇文章，引起教国文的陈老师注意。开始时陈老师不相信是父写得如此好，认为是抄袭来，就问父：“这篇文章可是你自己写的？”父肯定是自己独立完成，并说明模仿《左传》文章笔法。陈老师要父背诵《左传》中一篇文章，父背诵如流，陈老师始相信，并推荐给校长洪岷初先生。洪校长大加赞赏，贴到布告栏作为范文。

苏门三代博士

在二十世纪七十年代，当得知在境外的苏尔滋获得博士学位时，马伯华一家欢欣鼓舞。马伯华有个愿望："苏家要有第三代博士。"这个愿望后来在苏尔馥女儿身上实现了。

"苏申身着黑袍，头戴方帽，从校长手中接过博士学位的证书，音乐声、欢呼声、鼓掌声响成一片，他们夫妇俩热泪盈眶。真不容易呀，今天苏申终于圆了他们苏家三代博士的梦。"——这是美国普度大学于一九九六年十二月十五日为苏申授予博士学位的庆典场景，苏申父母受邀参加典礼。

苏尔馥是苏步青三儿子，与妻子张自求两人都是上海华东理工学院教师，有三个女儿，大女儿苏虹与小女儿苏申都赴美留学：一个硕士，一个博士。

苏申十八个月就离开母亲到平阳老家，由苏步青母亲抚养，因为"文革"中苏家遭受磨难，母亲无法顾及小女儿，苏申五岁时才回到上海父母身边。"家乡的青山绿水和热情友善的乡亲给我留下了深刻的印象。"苏申如是说。

苏申在回忆录中写道："记得祖父有一次到上海中学讲座，教导我们在学好数理化的同时要打好语文基础，成为多元化人才。在他的鼓励下，我后来又参加了学校的广播站和中学生文学社团活动。现在回想起来，这些课外兴趣活动，让我受益匪浅。”

“一九八六年，我以高分考入复旦大学。本来上海中学有保送复旦的名额，但祖父认为经过高考可以巩固整个中学阶段的知识，为大学学习做好准备，他不愿被人误解他的孙女是利用了关系被保送的。而且祖父对我胸有成竹，预测我的成绩完全能过复旦分数线。”

苏申很“幸运”，她凭自己坚实的功底，于一九八六年以高出录取档二十分的成绩被复旦化学系录取。一九九〇年八月四日，她一手拿着复旦的毕业证书，一手拿着美国俄亥俄州立大学录取通知书，飞赴美国读研。苏申在美国从事的是“抗癌药物与有机生物膜结合”“提高抗癌药准确性”方面的研究。她的学术论文曾获美国某公司生化创新一等奖，得到一万美元的科研经费，还去了全美七大制药公司讲学。二〇〇一年，苏申给腾蛟苏氏宗祠撰写了一副对联：古老祠堂人文积淀载史册，后起新秀德育兼备读华章。

苏申在给家人的一封信中写道：“我带着博士学位的毕业照去医院看祖父，他高兴得立即下床迎接我，护士在旁边直担心他体力吃不消……”

同乡情谊

苏步青从事数学教学与研究，科技、教育界朋友很多。同他们往来，大多数与数学结缘。除此之外，他在诗词方面的造诣，在写作和发表作品的过程中，还结交了不少这方面的朋友。几十年来，苏步青与家乡亲友、同人多有往来，浓浓的乡情、熟悉的乡音、亲切的问候成为联结的纽带，时时牵系着苏步青与家乡人的深厚情谊，为后人留下了诸多美谈佳话。

我这个“东洋货”，没有姜立夫就不会有今天

姜立夫（1890—1978），原名蒋佐，字立夫，一九二〇年改用“立夫”为名。平阳县（今属苍南县）宜山人，中国现代著名数学家、教育家。一九一〇年考取游美学务处备取生，获清廷资助赴美留学，同批的还有后来成为地理学家的竺可桢等人。一九一九年获哈佛大学研究院博士学位，被称为温州最早留学美国的博士。曾任教于南开大学、厦门大学、西南联大、岭南大学，先后创办了南开大学和岭南大学两所大学的数学系。民国时期曾任中央研究院数学所所长，被选为中央研究院院士，对中国

现代数学教学与研究的发展有重要贡献。当时温州在全国数学界的突出地位，可以用“北姜南苏”来概括。北姜，指在南开大学创办数学系的姜立夫；南苏，指浙江大学微分几何学派的创始人苏步青。“北姜南苏”是温籍学者在全国数学界显赫地位和重要作用的标志与明证。

苏步青曾在回忆录中写道：我在温中毕业的前夕，学校来了一位从美国留学回来的数学博士姜立夫。据刘厚庄老校长说，姜先生虽然中了“洋状元”（这是对博士的称呼），但回故乡平阳时依旧谦逊自持，不坐轿子，自己拿行李。作为平阳老乡，苏步青去拜见他，问：“先生学的数学十分高深，究竟学了些什么？”姜立夫很客气地说：“数学这门学问好比一棵树，我只学到了一片叶子。”这番话给苏步青深刻的教育，使他认识到，要想学到知识，必须虚怀若谷，千万不能骄矜自傲，最终变成“一瓶子不满，半瓶子晃荡”的那种人。

一九二七年，苏步青在日本用英语发表论文。姜立夫先生在南开大学就注意到了，他判定作者Su Buchin一定是中国人。一九二六至一九二七年，姜立夫先生有一年学术休假，遂到厦门大学教书。离开时，厦门大学请他推荐一位替代他的教授，姜立夫就用英文打电报给“日本东北帝国大学苏步青”，介绍苏步青去厦大任教，月薪三百五十大洋。苏步青虽然早知道姜立夫，却不知道厦大的邀请是姜立夫介绍的。那时姜立夫连苏步青的中文名字也不知道，更不知道两人是同乡。接到电报时苏步青还在读研究生，穷得很，口袋里只有买香烟抽的八个铜板，哪有钱回电报。仔细一看，才知道来电注明R.P，就是Reply Paid，拍电人已将回电的费用付了，苏步青于是立即回电“很抱歉，不能去”。

后来，姜立夫先生知道了苏步青的中文名字，他介绍给北大，北大来信请苏步青去，月薪四百二十大洋。清华大学也来聘书，月薪四百四十大洋，苏步青都概未接受。后来，姜立夫通过驻日大使馆将聘书寄到东北帝国大学，苏步青给姜立夫回信说：“因为研究还没有告一段落，不能回来。”一九二九年，浙江大学理学院成立，设有数学系，陈建功任教授。

他写信告诉苏步青，浙大原已聘请姜立夫，聘书也已发了，课也排了，但是与校长商量，还是想请苏步青来。就在这时，姜立夫知道了浙大想请苏步青去，在连所用的教材都已准备好的情况下，自动退还了聘书。直到一九三四年，在南京教育部开会时，姜立夫才见到苏步青，对他说："我今天才知道你就是苏步青，而且知道咱们还是小同乡。"姜立夫就是这样不遗余力地提拔后辈，数学界因此非常团结。

苏步青又一次从姜立夫那里受到教育：提拔后辈，必须大公无私。因为当时的中国社会不像现在这样不分门户派别，相反东西洋留学分派别，留学欧美的学生被视为娇贵的"金娃娃"，留学日本的学生被看作不值钱的"东洋货"。姜立夫明明知道他是留日的而不知道他的中国姓名，更无法知道是同乡，但还是那样千方百计地要他回国当教授，这不是爱才如命，提拔接班人大公无私，又是什么！"我这个'东洋货'，没有姜立夫就不会有今天！"苏步青至今还把姜立夫对他的教育铭记在心，没齿难忘！逢人便讲，不是冯祖荀和姜立夫提拔后辈，中国数学不可能有今天。在姜立夫的影响下，温中的学生中后来专攻数学的人很多，其中不少还成了科学家、教育家，如李锐夫、谷超豪、方德植、徐桂芳、白正国、杨忠道等。

一九三五年，中国数学会在上海成立，初建时会址设在中国科学社，主要成员有姜立夫、苏步青、陈建功、江泽涵等。一九四二年，姜立夫任中央研究院数学研究所筹备处主任。数学研究所聘请了苏步青、陈建功、陈省身等为研究员。苏步青与姜立夫因数学结缘、共事，并结下友谊，共同为中国现代数学事业的发展努力、奉献。苏步青对姜立夫在中国现代数学事业上的贡献，备极推崇，认为他在数学教育、组织等基本建设上功劳至大、影响至深。他再三强调，中国现代数学史必须对姜立夫"大书特书"。

一九七八年，苏步青写下诗《悼念前辈姜立夫教授》：赫赫乡前辈，栖栖一代人。远游及欧美，硕学继徐秦。谦逊常虚席，孤高自洁身。瑶池今已赴，遗恨廿三春。

腾蛟人，好好用功读书噢

周瑞金生于一九三九年，中国社会科学院研究生院博士生导师，他的家与苏步青故居仅一溪一桥一里路程之隔。一九五七年秋，他考进复旦大学新闻系，有幸在登辉堂迎新大会上聆听苏步青的讲话，讲完话苏步青从主席台上下来与入学新生见面，围绕会场走一圈。他正好有机会同苏步青握手，并用家乡闽南话向苏步青问好，苏步青也用闽南话问他家住哪里，“腾蛟”，苏步青笑着说道：“腾蛟人，好好用功读书噢！”

一九六八年，周瑞金以《解放日报》记者身份，直面采访苏步青，他侃侃而谈学习“五・七”指示的体会。后来周瑞金连同采访周谷城、谈家桢、刘大杰的情况，整理了一份“复旦四教授学指示体会”的内参上报中央。不久，在党的八届十二中全会上，国家领导人讲到为复旦大学四教授落实政策问题，从此苏步青获得人身的“解放”，避免被进一步摧残、批斗。

一九七八年，周瑞金主持《解放日报》的“解放论坛”评论专栏，曾开展关于学历问题的讨论，最后请苏步青发表总结性文章，他提出的“要讲学历，不唯学历，重在能力”的观点，深得广大读者赞赏。

一九八二年九月，周瑞金曾到苏步青儿子、华东化工学院教授苏尔馥家，参加祝贺苏步青八十大寿的家宴，有苏步青和马伯华参加，用闽南话交谈甚欢，印象难忘。

一九八六年五月，参加在龙华殡仪馆大厅举行的苏步青日本妻子松本米子遗体告别仪式，向苏步青表达深切哀悼之情，并劝苏步青节哀保重。

一九九四年元宵节，周瑞金同平阳县几位在上海工作的老乡，在淮海西路一家宾馆举办庆元宵晚会，邀请苏步青同欢。那晚，耄耋之年的苏步青像孩子般喜悦，回忆了很多故乡童年往事，还特地拉周瑞金到他身旁坐下。周瑞金敬了苏步青一杯红葡萄酒，祝苏步青健康长寿。同年三月，苏步青赴京参加全国两会，周瑞金与在京工作的平阳腾蛟老乡同

二〇一九年，周瑞金为步青桥题写桥名

去北京亚运村宾馆拜访苏步青，苏步青用闽南话与大家交谈，还念起儿时的童谣，逗得大家哈哈大笑，这一场景还被摄影留念。这是周瑞金与苏步青生前最后一次见面留影。

二〇〇六年，周瑞金为《小溪——苏步青的故事》作序。二〇一九年，为提升平阳凤湖公园的文化品位，周瑞金为步青桥题写桥名。

吟咏起故乡的民谣

一九九四年三月，八届全国人大二次会议和全国政协八届二次会议正在北京举行。黄勇从电视上看到苏步青作为全国政协副主席，来京出席了这次会议。他赶紧给人事部的苏尚尧打电话，请他同有关部门联系，约请周瑞金一起去拜访苏步青。

十日下午三点半，他们一行四人——周瑞金、黄勇、苏尚尧、王美琳，如约来到亚运村的五洲大酒店，王增藩秘书已在门口迎候。刚跨入房门，苏步青迈着稳健的步子迎了过来，一边同他们握手，一边笑吟吟地说："欢迎，欢迎！"眼前的苏步青，分明是一位普普通通的慈祥老人——他面庞清瘦，身子骨硬朗，岁月的年轮在他的额头、眼角刻下深深的印痕，身着半旧的咖啡色西服和花格布衬衣，一副南方老人的装束。唯一不同的是，胸前佩有政协会议的出席证。

落座后，尚尧向苏步青一一介绍他们几位：

一九九四年三月，全国政协八届二次会议期间，在京工作的腾蛟籍人士拜访苏步青（自右至左依序为黄勇、周瑞金、苏步青、王美琳、苏尚尧）

“这位是周瑞金同志，也是腾蛟人，他原来在《解放日报》工作，现在已调人民日报当副总编。”瑞金补充道：“我是复旦新闻系毕业生，是您的学生。前不久我在上海还看望过您。”

“哦，记得记得，你是周瑞金同志。你调北京工作，责任更重了啊。”苏步青频频点头，显然赞许他的这位高足。

尚尧接着介绍：“这位是黄勇同志，他在北京广播学院当副院长，也是咱们腾蛟人。”

“你也是腾蛟人？”苏步青用家乡话问黄勇，“你老家在腾蛟什么地方？”

黄勇也用家乡话回答：“我老家在腾蛟宫后，离带溪很近，小时候我去带溪钓鱼，常经过您的家门呢。”

“哦，那我们是真正的同乡啰。”苏步青笑了，“这位女同志是谁？”

“她叫王美琳，是我的爱人。”尚尧介绍说。

“她也是温州人吗？”

“不是，她是宁波人。”

“哦，宁波媳妇，那就不会讲福建话啰。”于是，苏步青改用普通话问，“你们有几个孩子？孩子都长大了吧？”

苏步青与苏尚尧是老相识，已有几十年交情。论辈分，他们是兄弟，不过，苏步青比他年长整整三十岁，自然十分关心他的这位同乡同族老弟。

尚尧答道：“我们有两个孩子。一个儿子，先前留学英国，现仍在国外工作；一个女儿，已经成家，在北京工作。我们老两口都已退休了。”

“那你们好幸福哟。”苏步青听后感到欣慰。

常言道：“老乡见老乡，两眼泪汪汪。”苏步青在京城会见他们这些平阳老乡，显得格外高兴。他时而用普通话，时而用家乡话，滔滔不绝地谈两会，谈形势，谈家乡的山家乡的水，谈他牛背上读唐诗，谈他的求学经历，谈他的家庭。九十二岁高龄老人，离乡七十余载，家乡话说得那么流利，往事记得那么清晰，真是十分难得。

兴之所至，苏步青竟用家乡话一板一眼地吟咏起故乡的民谣：“正月灯，二月鸢，三月四月麦枯秆做鬼叫。五月时节闹纷纷，江边击鼓划龙船……”

老人仿佛又回到了故乡，回到了少年时代。

这时，王增藩过来提醒他们：“苏步青今天见到你们很高兴，说得太多了。你们多说说，让他休息休息。”

黄勇抢过了话题：“我拜读过你写的《卧牛山谣》，这首诗非常生动地记述了您不平凡的一生，读来令人感慨，很受教育。”他紧接着掏出载有苏步青题词的《平阳文史资料》第八辑，脱口念了几句，“卧牛山下农家子，牛背讴歌带溪水。欲砍青阶竹作鞭，牵牛去耕天下田。鹿城负笈遭人咄，不料鸡群能立鹤。巧逢伯乐洪岷初，助渡东瀛去读书。”

“这是我一九八四年回乡，为我的母校平阳县小写的。”苏步青介绍说，“正如诗中所述，当年我从腾蛟步行百里到平阳，在平阳县中心小学读书，后来到温州读书，是洪岷初先生资助才去日本留学的。”

“您上次回乡到现在已经十年了，这十年家乡的变化可大啦！最近他回了一趟老家，发现家乡又有新的变化。家乡的父老乡亲，都希望您老再次回去看看。”黄勇试图“动员”苏步青再次返乡。

“我也想回去看看，怕是走不动了。”苏步青忽然话锋一转，问黄勇，“你回老家，穿新衣服了没有？”

穿新衣服做客，这是家乡的风俗。苏步青记忆力真好，居然还记得这个风俗。黄勇答：“没有。我没什么新衣服，就穿这身旧衣服回去的。现在那里富起来了，我回去成了‘扶贫对象’。”

“哈哈！”苏步青乐了，大家也都乐了。

不知不觉过了一个多小时。尚尧请苏步青跟大家合个影，苏步青欣然应允。黄勇知道苏步青精于楷书，特意送给他老人家一副小巧的“文房四宝”，苏步青用家乡话连说：“多承！多承！”他们与苏步青握手告辞，苏步青送他们至房门前，频频点头、招手，目送他们离去。

他很博学，很伟大，值得永远纪念

刘绍宽（1867—1942），字次饶，号厚庄，平阳白沙（今属龙港市白沙刘店）人，后迁居县城白石街。浙南著名教育家、经史学家，温州现代教育和地方文化事业的先贤。一九〇六年，刘绍宽出任温州府中学堂（温州中学前身）监督后，学风大振，成为浙江省的名校。任内提携陈叔平（著名诗人陈仲陶胞兄），从而培养出一大批数学家，如苏步青、李锐夫、杨忠道、谷超豪等，做出了巨大的贡献。《人民日报》原副总编周瑞金称他为“浙南学界的爝火”。

刘绍宽一生著作等身，流传下来的以《厚庄诗文钞》《厚庄诗文续集》及《东瀛观学记》为最著名，并且他的手稿《厚庄日记》，可与李慈铭的《越缦堂日记》相媲美，甚至有所超越。

据《厚庄日记》载：一九二九年一月，应苏步皋、苏步青兄弟之请，与王理孚、陈筱垞等“往带溪边”，为其父心田“七十称庆”，寿筵十余席。刘绍宽曾作《苏心田夫妇七旬寿序》，后收入《厚庄诗文续集》，对于苏步青有关史料研究提供参考资料，现全文转录如下：

苏心田夫妇七旬寿序

余于丁巳之冬，再长浙江第十中学校，辄闻诸教师言：平阳苏生步皋前期毕业，学绩冠全校，前校长洪君岷初亟赏之，特资助其留学日本云。翌年，其弟步青复毕业中校，成绩亦甚优美。时步皋在日本高等工业学校已补官费，遂以余资津给其弟，亦往同校肄业，旋补官费，由是联之称盛一时焉。迨余居乡，以事往北港，晤苏生之尊人心田君，始知步皋已毕业回国，历任技师于沪杭制纸厂，步青复毕业日本大学。

君又自言生有十女三子。初连举八女，皆育之。第九生殇子某，第十生步皋，第十三始生步青。又自谓兄弟三人，析箸时仅受田二亩，拮据十余年，方置十二亩，自给而已。方步皋兄弟入高级小学时，室人以家力不赡，将命次儿归事耕作。既归，则为踌躇再四，中夜复奋然曰：“吾宁竭力作苦，勿使儿辈辍学，负吾初志也，因复遣就学。”余曰：“谅哉！君有厚德闳识如是，宜二子之材且贤也。”

今岁戊辰，君年七十，其夫人徐氏六十有七，步皋方在上海兵工厂为制药技师，步青毕业大学，已得学位，方研究数理于大学院，将皆归寿二亲，而以侑觞之辞见属。且述君与夫人诸懿行甚悉，而余尤服君有均爱子女之仁，遗安子孙之智，已足以风世而励俗，其他行事之善，可不待言而具见矣。今夫世俗生子，所以重男轻女者，以女生外向，嫁须耗财，故生有三四，苟非忍心害理，溺而毙之，亦必送之善堂，任人抱养而不之顾，此其风唯君所居乡为甚。试思天属之亲，男女奚别？苟抚之成立，荆钗布裙，未始不可以遗，而何必弃置如遗哉？若夫教子而使务于学，材苟可造，必求其达，乃虑其耗财而靳之学，宁终身胼胝，积财以遗之。不知弃子于不材，虽委之以财，亦不能保，诚不解其所希冀者为何矣。今君与夫人独不以世俗重财之见，贻累其子女，则仁能全其爱，智能见其大，推之以治万事，又何往而不知明处当也哉？

君又尝谓往者因步皋之请，得游览西湖山水之胜，阅历上海市廛之盛。倘天假之年，能重游胜地，陟秣陵京口，一探钟阜金焦之奇，更复揽辔扶桑，遍观东京、大阪都邑之阜蕃，于平生志愿足矣。余谓方今南北统一，百治循轨，步皋兄弟将出所学以有为于世，君与夫人得以暇日优游于其所历之境，诚可以乐而弥永其年矣。余谨书之，以为君夫妇寿，即以为他日征验之券云。

《厚庄日记》民国廿六年（1937）二月七日载："黄竺如湘来谈，云温州第一流学者仅有五人，平阳居四：张伯均、姜立夫、陈宗一、苏步青，其一乐清洪伯容也。诸君皆不入政界，故世鲜知之。"温州第一流学者五人，平阳居其四，读来令人神往，其中三人都在县小学习过，都是在刘绍宽他们筚路蓝缕，开风气之先的努力下培养出来的。

《厚庄日记》民国廿八年（1939）二月二十二日载："昨苏云程步青来。云程为浙大数学系主任，浙大迁广西宜山，云程未赴，今始往。云须由金华乘铁道，三日夜可达桂林。今午小儿缙邀与聚餐，张真园、曹亦藩、张迪生、杨菊人、邱国英、苏达夫诸君均来。"来县城读书时，父亲苏宗善给苏尚良改名步青，字云程（也写作"亭"），寓平步青云、鹏程万里之意。

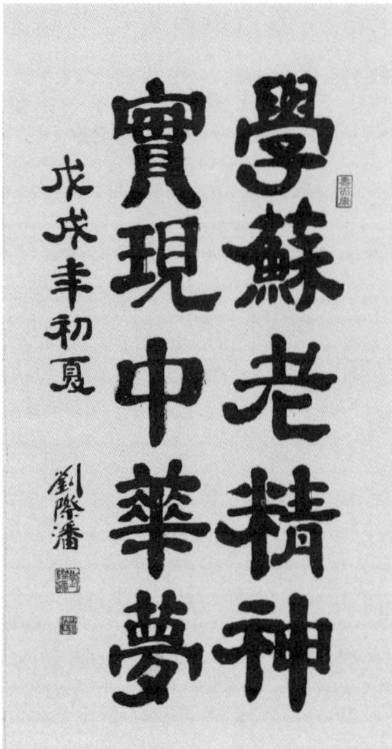

二〇一八年，刘际潘为苏步青励志教育馆题词

一九九七年十一月一日，在刘绍宽一百三十周年诞辰之际，九十六岁高龄的苏步青在上海华东医院对原东海舰队副司令员刘际潘将军介绍说：“刘绍宽先生是我中学时期的老师和校长，他很博学，很伟大，值得永远纪念。”

难怪我没有头发，我也是平阳人

卢声亮，一九二九年八月生于平阳县江南区灵峰乡灵峰村（今属苍南县）一个农转商家庭。一九四七年八月加入中国共产党，历任平阳县县长、青田县委副书记、苍南县委书记、温州市市长和市人大常委会主任。

为适应改革开放、培养人才的需要，卢声亮、李方华等人认为温州应办一所综合性大学，并且三番五次赴省教委、国家教委申报创建温州大学。一九八四年四月，浙江省人民政府批准，同意恢复温州师范学院，并易地新建（前身为温州师范专科学校）。紧接着，卢声亮在上海召开温籍在沪专家学者座谈会，一致举荐中国科学院苏步青院士出任温大名誉校长，得到省委省政府同意。为此，温州市委、市政府十分重视温州大学的筹建与发展。七月十九日，成立温州大学筹备领导小组。市长卢声亮出任温州大学董事会董事长，并多次召集市有关部门和在温高校负责人研究温州大学筹建方案，将温州市经济管理干部学校校区作为温州大学的办学基地，发动温州在外的华人集资捐款，并且亲自赴沪邀请苏步青担任温大名誉校长。

一九八四年七月二十六日，卢声亮组织召开温州经济振兴恳谈会，邀请二百六十一名温籍知名专家、学者和领导干部专题讨论创办温州大学的必要性与可行性。苏尔馥代表父亲苏步青在恳谈会上谈了创办温大的意见：第一，办大学不要求全，目前要办温州急需人才的专业，要有发展眼光，要从小到大，从低级到高级，从专科到本科，直至办研究生院，还要培养博士；第二，办好大学的关键在师资，要选好校长，让校长去聘请系主任，让系主任聘请教师，应该实行教学科研承包制。

一九九一年，作为故乡温州大学的名誉校长，苏步青应学校邀请，再一次踏上返乡的旅途。十一月十五日下午，苏步青与温州市人大常委会主任卢声亮等人共同出席温大育英图书馆奠基典礼，并挥锹为图书馆培上第一锹土。十一月十六日上午，卢声亮陪同着苏步青参观温州水心住宅区。卢声亮也是平阳人，和苏步青谈话很亲近，使苏步青更有一种回到家乡的感觉。在路上他们经过妙果寺的时候，卢声亮告诉他，寺里住持是平阳人，其他出家人不少也是平阳人。苏步青听了摘下鸭舌帽、用手摸着自己的头，风趣地说："哦，难怪我没有头发，我也是平阳人哪。"

一九八四年，与卢声亮合影

坐在妙果寺迎宾阁内，苏步青亲切地拉着住持的手，问家在平阳什么地方，每天还念经不。听说现在的妙果寺是由旅法爱国侨胞黄忠英女士捐资重新改建的，苏步青又问台胞和海外华侨来拜菩萨的多不多，住持告诉他不少。苏步青叮嘱他，要注意做好宗教工作，“温州和台湾地理位置很近，平阳话和台湾话也基本相通，加上温州在台人员不少，回来的人也多，你们要利用自己的优势和条件，协助政府做好统战工作，争取使台湾早日回归祖国”。

二十日上午，卢声亮等人到华侨饭店探望苏步青。随后，苏步青来到工商银行大楼十七层俯瞰温州全景。他了解以前的温州，看到今日温州，高兴地说：“变了，变了！房子高了，道路宽了，完全不是四年前那个样子了。了不起，了不起！”他还说，我希望大家要团结起来，共同把我们的家乡建设得更美好。有人告诉他，人民路改建工程将于一九九三年完工，苏步青劲头十足，马上接着说：“我三年后一定再来！”他动情地说，走来走去还是温州最好，吃来吃去还是家乡的芋艿最香。

这次温州之行，苏步青用这样的诗句，来表达自己的心情：

铁鸟南飞云路悠，耄年来尝鹿城秋。
脑中雁荡嵯峨在，眼底瓯江委曲流。
几处楼台初矗立，何时车辆恣奔游。
纵横黉舍弦歌里，待看群英耀九州。

平阳“三苏”与沪上“三苏”

苏昧朔（1900—1966），祖籍平阳腾蛟带溪，一九二七至一九二八年曾任平阳县小校长。他是一位画家，工画人物，擅长民间风俗画，能诗工书，每画必自题，于文史哲有较深的造诣。毕生作诗，共集十七册，自编《睡螺诗集》。苏昧朔德艺双馨，是中国美术教育史上第一批大学生，毕业于上海美专。当代温州籍国画巨匠刘旦宅、林曦明等都曾随他学艺，故有“温州派人物画鼻祖”之称。他与苏步青、苏渊雷并称为“平阳三苏”。

“九一八”事变后，国难当头，苏昧朔的生活极其困顿，曾有人劝他去做幕僚，为达官显贵歌功颂德。他断然拒绝，不愿违背自己的良心做粉饰太平之事。开始以卖画谋生，闭门行隐。作画以人物为主，有民间风俗画味，宗法文人画意。他融西洋技法于国画之中，并且对历代不同时期人物的服装、道具都做图样和文字记录。

他长期生活在社会底层，深知老百姓的疾苦，所以他的作品，大多反映街头巷尾常见的瓯越风俗和三教九流，如农夫、渔翁、挑夫、樵夫、小贩等。他的画作洋溢着雅致的书卷和金石气息，更充满着强烈的生活气息。

苏昧朔不遗余力课徒授艺，带出了一大批后来叱咤当代画坛的精英，如刘旦宅、林曦明等皆为其入室弟子。一九九〇年十月林曦明在温州为恩师举办“苏昧朔九十周年诞辰纪念画展”，影响很大。

苏昧朔育人标准是：“做一门学问要自强不息，切不可急于求成，一辈子能留下一件好作品也就够了，了不起了。不要与人钩心斗角、欺世盗名，宁愿门庭冷落，让自己陷入困境。寒窗之下，困而知之，才能闯出路来，有所成就。”这样坦荡的话，何尝不是他平生为人治学的真实写照。

苏渊雷（1908—1995）是我国当代著名学者、文史学家、诗人。一九九二年获国务院颁发的“有突出贡献专家”荣誉称号，被列为二十世纪温州五十位文化名人之一。他出生于平阳县玉龙口村（今属苍南县钱库镇），与苏步青是本家，年龄相差六岁，且同在上海工作，乡情乡谊，两人时有唱酬往来，苏渊雷还为苏步青故居题写对联。且两人都曾在南雁会文书院读过私塾，对南雁均深怀感情。一九八三年苏步青给苏渊雷写了《南雁荡寄怀苏仲翔》：“一别名山四十春，有时归思寄南云。仙姑何幸馨香火，孙老无端榜会文（孙衣言题会文书院一联：‘伊洛微言持敬始，

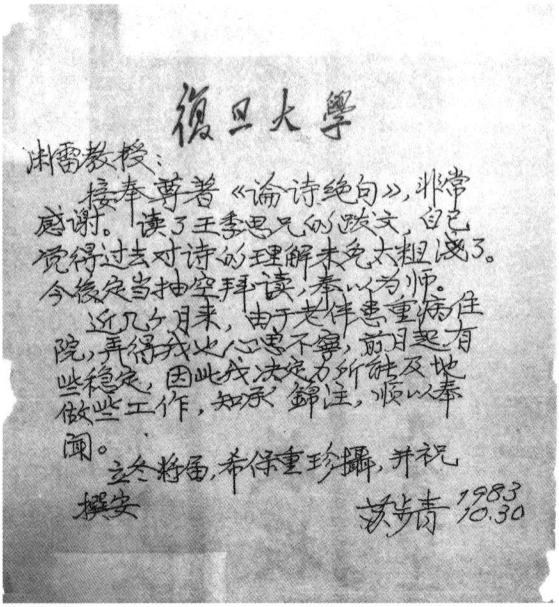

復旦大學

渊雷教授：

接奉尊著《论诗绝句》，非常感谢。读了王季思兄的跋文，自己觉得过去对诗的理解未免太粗浅了。今後定当抽空拜读，奉以为师。

近几个月来，由于老伴患重病住院，弄得我也心思不宁，前日起有些稳定，因此我决定为所能及地做些工作，知承锦注，顺以奉闻。

立冬将届，希保重珍摄，并祝

撰安

苏步青 1983 10.30

一九八三年，写给苏渊雷的信

永嘉前辈读书多’）。牛背笛横斜日渡，羊肠径逐故园门。秋来处处堪留恋，朱橘黄柑又几村。”接到诗稿，激起苏渊雷无限怀想，写下了《南雁寄怀次步老韵》：“南雁回翔六十春，辅仁会友气凌云。木樨淡放知无隐，华表斜看有逸文。野渡半篙真罨画，青灯一味足玄门。玡乡未觉灵山远，起凤腾蛟别有村。”两位名人的诗如今成了家乡的珍品。

苏步青向苏渊雷致信多札，在其中一封信札中提道：“接奉尊著《论诗绝句》，非常感谢。读了王季思兄的跋文，自己觉得过去对诗的理解未免太粗浅了，今后定当抽空拜读，奉以为师。”后来还寄诗，请他斧正，老辈风范，非常谦虚。因苏渊雷调整住房，可能有请老同乡照拂，苏步青就向当时华师大校长袁运开请求帮忙。

一九八七年五月，在上海中国画院举办了苏渊雷父子书画展，苏步青也应邀参加，过几天去信说，袁校长在展览开幕时说“苏家父子不仅古时有过，现在也有”，自己当场曾口占了一首绝句，有句为“昔有三苏今二苏”，坚持“沪上二苏”，而不是“三苏”之议，问他能同意否。宋代“三苏”指苏洵、苏轼、苏辙父子，众所周知，当时“沪上三苏”是指苏步青、苏渊雷、苏局仙。书法家、鄞县（今宁波市鄞州区）人陈祖范在《胸罗万有，书成一家——苏渊雷艺事》一文中，写道：“苏夫人对教授的雄才亦颇引以为豪。一次漫谈中，曾对我说：‘宋有三苏，有人说当代也有三苏——苏步青（著名数学家）、苏渊雷（教授暨诗人、书画家）、苏局仙（110岁寿星书家）。’其语甚新，也很贴实。”当事人苏步青对“沪上三苏”持有不同的看法，这也是当代文坛的一段轶闻。

一九九三年十一月九日，苏局仙在西北的孙子前来上海看望苏步青，提及祖父苏局仙的诗稿中有一首写着“苏步青宗亲兄”的诗，苏步青反应极快：“他是书法家，是给我写过一首诗的。”来访者又把发表在《健康报》、香港《新晚报》上的苏局仙长寿诗诀给苏步青看。苏步青阅后觉得很有意思，还议论了几句：“他生活在农村，比较清苦，去世时一百一十岁，如果条件再好一点儿，还会更长寿。”

苏步青感慨道：“我的老家在平阳山区，可说是穷乡僻壤。我从小爬山，得到了锻炼，所以至今走路很有劲儿。我家里也很穷，我是吃地瓜长大的。艰苦和锻炼对长寿有益。苏局仙去世时比我大二十岁。这二十年可不容易，正像攀登珠穆朗玛峰，爬到快登顶的最后几百米、几十米，难啊！”来访者接着说：“您老体质、精神这么好，将来一定能超过我祖父，祝您长寿再长寿。”苏步青听后笑了笑：“我没有想那么多，任其自然吧！”

恭请苏步青先生证婚

宋凫法是丰子恺的女婿，平阳人。丰子恺是著名画家、文学家和音乐教育家。苏步青是著名数学家。虽然他们从事的专业很有区别，但是乞画与赠诗，却使他们之间感情融洽，结交颇深。一九四七年春，苏步青执教于浙江大学，出于对丰子恺画作的钦仰，主动向他索画。此事经苏步青妙笔成书，一首诗意浓烈的七律便跃然纸上：

淡抹浓妆水与山，西湖画舫几时闲！
何当乞得高人笔，晴雨清斋坐卧看。

诗还未寄出，即已收到丰子恺的寄赠之画，画的是以遵义生活为背景的《桐油灯下读书图》。苏步青曾说："这幅画，是丰先生还不知道我要乞画，主动赠予的，所以我对此感受很深的。"苏步青当即写诗答谢，诗曰：

半窗灯火忆黔山，欲语平生未得闲。
一幅先传无限意，梦中争似画中看。

丰子恺据"乞画诗"中"淡抹浓妆水与山，西湖画舫几时闲"之句，画《西湖游舸图》送给苏步青。苏步青收到赠画后又写了一首题画诗：

六桥艘影塔边山，柳下谁家买得闲。
不信右丞诳吾辈，辋川月色至今看。

一九四七年底，一天晚上，苏步青到丰子恺家聚饮，酒酣后赋诗《夜饮子恺先生家赋赠》：

草草杯盘共一欢，莫因柴米话辛酸。
春风已绿庭前草，且耐余寒放眼看。

丰子恺非常喜欢这首诗，亲手书写后贴在西子湖畔的小屋里。

一九四八年，丰子恺作画一幅，苏步青特为该画题诗一首：

一舸笙歌认夜游，岚光塔影笔中收。
如何湖上月方好，柳下归来欲系舟。

对于苏步青和他的诗，丰子恺曾有很高的评价：“数学家的诗句，滋味尤为纯正”“樽前有了苏步青的诗，桌上酱鸭、酱肉、皮蛋和花生米，味同嚼蜡，唾弃不足惜了”。

新中国成立后，苏步青得知丰子恺也居住在上海，经常携妻子松本米子到丰子恺家中游玩。丰子恺家中有一“秘月楼”，成了他们谈天说地的场所。一九五六年冬，苏步青荣获中国科学院颁发的科学奖，丰子恺又送给苏步青一幅题为《种瓜得瓜，种豆得豆》的画以示祝贺。一九七五年九月十五日，丰子恺离世。追悼会上，苏步青无惧“四人帮”爪牙的阻挠，毅然送去了花圈。一九八九年苏步青在纪念丰子恺的卡片上题字，所书内容即是当年挂在丰子恺家中的那首诗。

两位大家交往成就一段佳话。然而一位数学家、一位文人，相识却为一段姻缘。

抗日战争爆发后，丰子恺一家为躲避日寇的轰炸，一九四一年避难至贵州遵义。当时，他的次女丰林先已是十九岁的大姑娘。丰子恺为了给儿女们补习功课聘了几位家庭教师。平阳人宋慕法便是其中之一，他在浙大读书时是丰子恺的学生。后来，宋慕法和丰林先在长期的交往中渐生爱意。宋慕法有一位温州同乡陈志超常来拜访丰子恺，后来陈志超、郑梅英伉俪当了宋慕法和丰林先的媒人，成全了一桩美满婚姻。丰子恺便顺应女儿心意，让他们喜结连理。当时兵荒马乱，政府没有结婚登记处，为了证明这一对夫妻身份，丰子恺便用毛笔写了一张结婚证书。

此证书A4纸大小，用红线描出装饰框，通篇楷书写就，分别标明了新郎新娘的籍贯和出生年月："宋慕法，浙江省平阳县人，年二十六岁，民国五年正月十九日子时生；丰林先，浙江崇德县人，年二十岁，民国十一年九月初六日卯时生。"介绍人及婚礼举办的时间地点："今蒙陈志超、郑梅英伉俪介绍，于中华民国三十年九月七日下午四时在贵州遵义成都川菜馆礼堂结婚，恭请苏步青先生证婚，宜其家室，永相敬爱，此证。"最后标明：结婚人、证婚人、介绍人，还有主婚人舒鸿太太、丰子恺，并一一钤了红色的印章。

当时，苏步青跟随浙大西迁来到遵义，又与宋慕法是同乡，由丰子恺邀请，苏步青非常乐意当了主婚人。丰子恺还自制了来宾签名手卷，题头曰："敬请签名，永志光宠。宋慕法、丰林先仝叩，卅年九月七日。"一九四一年九月七日，婚礼当天，高朋满座，欢聚一堂。签到留名的嘉宾有七十四位。他们大多与浙大有关系，且都是当时的名流、学者、教授、科学家，后来他们都成为全国科技和文史研究等领域的大家。当时的这一场婚礼几乎可以说是一次人才云集的群英会，不仅是丰家的一件大喜事，也是浙大西迁中的一段美事。目前经过考证的嘉宾只有十八位，大部分还待进一步去发现。其中，温州有两人，除了著名数学家苏步青，还有一位是苏步青学生白正国。

本人部分骨灰归葬于带溪下山

董希华、王擎峰曾任平阳县党政主要负责人。苏步青曾给他们写过两封信。其中一九九三年四月十八日信件写道："今年三月十六日内子马伯华在平阳腾蛟带溪故居去世，终年九十二岁。承蒙温州市、平阳县、腾蛟镇各级领导亲自到带溪向马老太太遗体告别，成立了以钱克锦同志为主任的治丧委员会，并举行了追悼会。白主任、钱主席、郑副县长等亲临送葬。最近，平阳县人民政府还对治丧活动经费给予四千元的补助，家乡的各级领导如此关怀、重视，使本人和家族感激无已，决心化悲痛为力量，为国为民尽忠竭智，献出自己的一切。特此修函表示由衷的感谢。”

一九九六年六月五日信件写道：“……前几年承蒙县府拨款修缮我在腾蛟带溪的旧居（房子西边三间），计划作为‘苏步青故居’供参观景点之用，本人表示支持并表感谢。该旧居系慈父去世后，即与大哥苏步皋先生分家，东边二间分给步皋先生（后来步皋先生在原东边二间向东边扩建二间），西边二间分给我，由妻马伯华和子女居住。因此，旧居西边二间和大厅（中堂）房屋产权应属于苏步青所有，在本人百年之后，该旧居（西边二间及大厅）房屋产权应归我儿苏尔馥、我女苏素丽两人共同继承，我建议在适当时候，由苏尔馥、苏素丽代表本人办理法律手续。另外，在一九五八年我妻马伯华在带溪下山建造三穴坟墓，现在我慎重声明：我愿意在我百年之后，将本人部分骨灰归葬于带溪下山该陵墓中。”

九十年代后期，苏步青在华东医院住院期间，王擎峰曾亲临探望。一九九七年，由王擎峰、张文任主编，董希华任顾问的《卧牛山下农家子——苏步青的故事》顺利出版。

教育是命根子

一九九四年一月二十五日至二十八日，平阳县委、县政府组织的春节慰问团专程到上海向苏步青等平阳籍在沪的老同志拜年。苏步青听说家乡父母官来拜访他，老早就站在家门口等候。见了家乡人，苏步青兴奋得像个年轻人，又是搬椅子让座，又是倒茶送烟。此时此刻，谁又能把这位热情洋溢的老人同全国政协副主席、当代数学巨匠联系起来呢？当家乡人民向老人家拜年时，苏步青动情地说：“惭愧、惭愧，我没有为家乡做多少事。请你们转告家乡人民，我要向老家的人拜年！”

苏步青的会客室不大，但布置得很雅致。一进门，就能看见邓小平同志接见苏步青的彩照摆在大厅中央。苏步青似乎猜到了来访者的心思，来不及招呼大家坐下，就满面春风地对大家说："尽管我现在不中用了，但党中央很关心我。小平同志每年过年前到上海来看我一次。""诺，这张照片是一九九三年除夕，小平同志看望我的时候照的。"苏步青不无得意地问大家，"拍得还可以吧？"当大家异口同声地说照得很好时，老人家咧开嘴笑了。

说完话，老人家又忙着递香烟给大家，见多数人都不抽烟，他满意地说："烟还是不抽好。我现在也不抽。可是以前我可抽得很凶噢。一天抽一听还不够，一听就是五十根哪，我还得加十根。抗战爆发后，好烟买不到了，只好买大刀牌。大家知道吧？大刀牌就是强盗牌，香烟盒上画着个凶悍的海盗，手里拿着一把大刀。那时候，物价涨得厉害，后来，一包大刀牌香烟要卖八角大洋，这种烟是十支装的，我一天抽六十多根烟，光买烟就要花五块大洋，一个月要花一百五十块大洋。而我的月薪是一百六十块大洋。买了香烟后，只剩下十块大洋了。十块大洋要养活八口之家，岂不要喝西北风了？没办法，只好狠下心把烟戒了。这一戒就戒到现在。戒了烟好呢！今年九十二岁，过了春节，就九十三岁了，除了耳朵不大好外，医生说我没什么大毛病。"他又笑着说，"话是这么讲，不过我可不是叫会抽烟的同志也别抽啊！"

这天苏步青非常高兴，话匣子一打开，就滔滔不绝地讲下去。他找了一张平阳县中心小学的立鹤亭的照片给大家看，说："平阳县小是我的母校。一九八四年我写了一首《卧牛山谣》赠予母校，过了两年回到母校，看到诗谣被刻成石碑并安放在亭子里。"苏步青无限感慨地说，"往事如烟，不堪回首啊。辛亥革命后的第二年，就是一九一二年，我从老家腾蛟走了八十多里路到了平阳县小读高小。那时候我很不懂事，就是不肯读，连续三个学期，期末考试成绩都是班里倒数第一名。先生天天批评我，我听不进去。同学们说我是年年坐'红交椅'，我也无所谓。第二年下半年，北港中心小学建成（就是现在的平阳县第二中学的前身），我就转到那里去读了。刚转学时，还是不好好读书。后来幸好遇到陈玉峰老师，对我说：‘步青，你这孩子很聪明，很有培养前途。但你不应该这么贪玩。你家很穷。你爸爸每星期都起五更送米给你，你再不发奋苦读，良心过不去啊。’陈玉峰的这番话对我印象最深，从此我读书就很留心。每次考试，都是全班第一。现在老了，但咱们对不好好读书的孩子，不能骂，不能打，不能挫伤他们的自尊心。要重视教育，教育是命根子。教育上去了，将来什么都干得成。最近报上登载，有的地方还拖欠教师的工资，这还得了？你们这些当地父母官的，在繁忙的工作中，千万别忘了抓教育。”

当大家说苏步青的墨宝很受家乡人民欢迎时，他谦虚地说：“我的字不行，苏渊雷才是正宗的书法家。我只不过喜欢写写而已。”他说，“其实，我练书法还是让‘四人帮’给逼出来的。‘文革’时，说我是反动学术权威，书不给我教了。教书人没书教，心里难受啊。没办法，只好把工夫用在练毛笔字上。还算好，到底给我练出个模样来。”他指着书案上大堆求索墨宝的信件说：“你们看，现在写字的‘生意’居然不错，有这么多的人要我写。”他拿着一封竺可桢教育基金会的来函说：“大家看，不但要我写字，还要我写诗，简直像考试一样。”

当大家问起苏步青近来的生活情况时，他非常兴奋地说：“上海市委对我很关心，要把我现在住的这幢房子建成苏步青陈列馆。听说一九九四年春节后要进行大修。最近市委、市政府决定给我购买两套房子，一共有一百多平方米，只要一万八千多元人民币，便宜得很，等于是送给我。这是共产党和人民政府对我们知识分子的关怀。我过去老讲自己是无产阶级，现在已变成有产阶级了。”老人说完，高兴得呵呵大笑了。

反对“台独”，坚持“一个中国”原则

苏志敏与苏步青是同村人。一九九一年三月，苏步青赠予《早春留

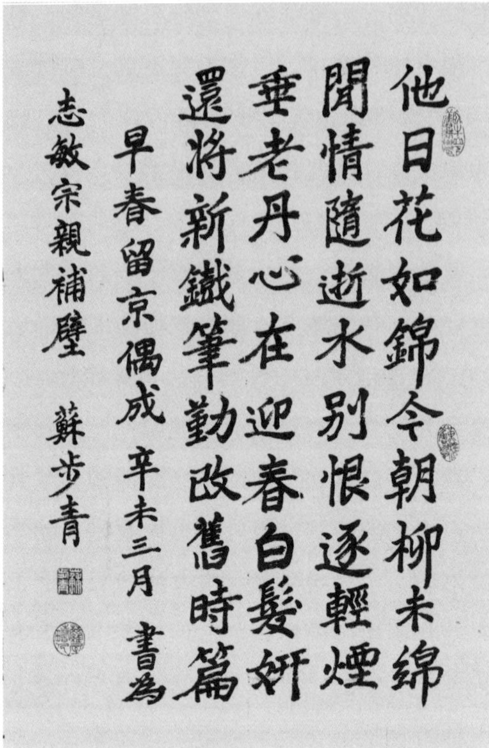

一九九一年，为苏志敏题写的书法作品

京偶成》书法作品一幅，并且前后给苏志敏写过三封信。其中一九九〇年五月十日信件写道：台湾“中央研究院”吴大猷院士寄来邀请信，以我为首的十名第一届院士被邀去台参加七月间即将召开的院士会议。经过和其他几位先生的联系、商量，认为邀请信中附有一枚“宣告书”明显地宣扬了“两个中国”的词句，这是我们同胞一致反对的。因此决定由一位先生做复信表示这个意见。除非台方取消那一“宣告书”，否则我们是不可能前往台湾的。

苏步青关心祖国统一大业，晚年躺在病榻上口授《反对“台独”，盼望统一》一文，经整理发表在《群言》上。后来，当他身体稍好时，还亲笔写下“反对‘台独’，坚持‘一个中国’原则，完成祖国统一大业”的字幅挂在病床前，表达了一位老人对祖国统一的强烈愿望。

一九九四年二月十一日信件写道：春节到来，遥祝官运亨通，阖第佳吉。接到元月卅一日来信，欣悉近日又将远行荣任瑞典使馆文化参赞，可喜可贺。……尔幼侄前几年两次来过我家，他为我们苏氏宗祠修缮出了很多资助。今年是否要回来探亲，我盼望能和他见面呢。我今年九十二岁了，虽然尚称健康，究竟是风前残烛啦……

中央电视台记者可以不见，家乡来的人不能不见

王振中，平阳人，历任平阳第一中学校长、平阳县教育局局长、温州市教师教育院院长。一九八四年冬，苏步青专门为母校——平阳县中心小学撰写《卧牛山谣》长诗一首。时任县小校长准备组织全校师生学习该诗，王振中担当起给全体老师解读《卧牛山谣》诗的光荣任务，得到了县小老师的首肯，后来整理的讲稿被收入杨须友主编的《卧牛山谣凝真情——苏步青教授与平阳县小》一书，由此引发了王振中拜访苏步青的强烈愿望。

一九八七年春，苏步青在复旦大学六十三号小楼接见了王振中，见面就说道“欢迎欢迎，腾蛟堡人”，又是端椅子，又是倒茶，乐呵呵地用闽南话拉起了家常。看到王振中带来的家乡土特产——两小瓶土蜂蜜，苏步青更是连声说谢谢，随后走到书房，当即挥毫书赠自题诗《寄怀南雁荡山》，还笑着说这是回礼噢！

二十世纪九十年代，王振中担任平阳第一中学校长期间，与苏步青的书信往来比较多，或为推荐优秀学生，或为学校发展求教。一九九六年十月二十六日，王振中一行拜访苏步青。此时他已在华东医院长期疗养，凭着他的特别规定“中央电视台记者可以不见，家乡来的人不能不见”，会面足足一个小时，从平阳说到全国，从教育谈到家乡文化，谆谆教诲王振中尽心尽力当好校长、办好家乡教育。王振中更不舍得放弃这来之不易的机会，提出能否让苏步青为家乡的青少年讲几句话，这可是苏步青平时常想的内容，于是录音机留下了苏步青生前弥足珍贵的录音赠言：“时代在发展，希望青少年一代要比老一代更加努力，更前进一步，把我们国家的科技水平提高到国际水平。这是他们的责任，也是我对他们的莫大希望！”

二〇〇一年九月，苏步青教育思想研讨会在腾蛟镇第二中学（现为苏步青学校）召开，王振中代表县教育局作题为“培养超过自己的学生——苏步青教育思想学习体会”的发言，为全县学习实践苏步青教育思想、推

进县域教育科学发展开了个好头。

我同村来复旦的第一人

苏立余与苏步青是同村人。一九八五年，他的女儿苏春丽考取复旦大学，他便以家长和同乡的身份拜望苏步青。当苏步青得知他的祖父姓名后，立即说：“原来你祖父是尚吉哥呀，你祖父是种田的，也做过榨油生意，有大脚筒病。他为人忠厚，我大概是小青年时，六月天三更半夜看田水时，都同尚吉哥在一起。”儿时的那些事还记忆犹新，可见苏步青的记忆力之强。

当谈到春丽时，他很高兴地说：“我来复旦三十多年，腾蛟、鹤溪等平阳来复旦读书的人中，就是没有带溪边来的，春丽是苏家且我同村来复旦的第一人，希望她努力学习。”他还说，“我们苏家已出了一个女学士，将来考上硕士、博士，苏氏宗祠继青莲学士之后再挂它他一块新匾嘛。”

一九八六年十月十六日，苏步青写信给苏立余另一个女儿苏春生，其中写道：是啊！有三十六年不回家乡了，该是转去看看时候啦！可是，我虽已八十又五岁了，但身体尚健，而且党和人民又要求我做力所能及的工作，像九月初刚从北京开完人大常委会回来，又参加了老师节、中秋节、国庆节，本月六号还到南京开了一周的会，昨天才回到上海呢！唐诗里有这样两句：闺中只是空相忆，不见战场愁煞人。乡亲们盼望我回乡一行，完全是深厚情谊，只是乡亲还没看到我这个老头东奔西走，不肯也不能坐下来享受“清福”啊！

一九八七年，苏步青八十五岁故乡行前给苏立余写了一首诗：

家山遥隔白云端，梦里春深听杜鹃。

衣锦夜行非昔日，闻鸡起舞记当年。
锲而不舍镂金石，老益无能让俊贤。
岂独坡公誓江水，难忘乡井未归田。

一九八二年退居二线赋此书为苏立余侄孙补壁
复旦大学苏步青时年八十又五

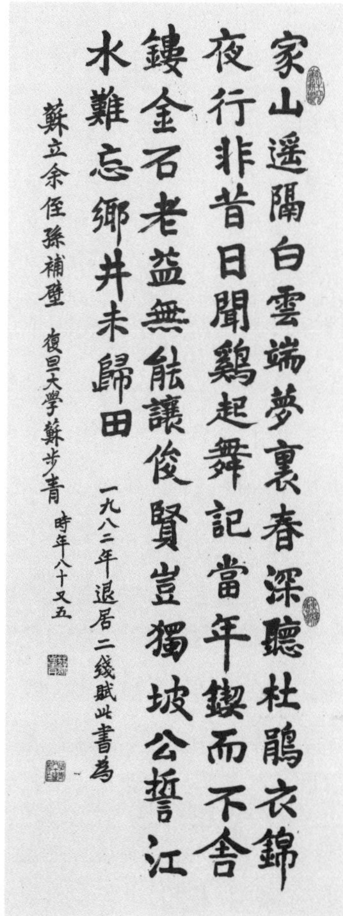

一九八二年，为苏立余题写的书法作品

一九八八年夏，苏春丽回到了家，带回了一个大信封，信封上写：由光源系三年级苏春丽持归请爸爸收用，苏步青一九八八年七月七日。打开信封一看，是苏步青赠给苏立余的一对条幅，上联是：根扎昆阳清廉门第；下联为：源肇带水勤朴家风。题记：立余新筑落成志庆。落款：苏步青撰贺。那字里行间透出了对苏立余及其前辈的肯定，是对苏立余莫大的鼓励和鞭策，令其欣喜若狂。

好好爱护自己的身体

张和光是平阳百年老药店回生堂的老经理，也是一位以诗为伴的老诗人，早年与苏步青有密切往来，至今还保存着苏步青写给他的七封亲笔信。从信中可以看出，二十世纪八十年代至九十年代，苏步青和他的乡情与诗谊。张和光深情地回忆，苏步青很有乡情和人情味，有平常心，平易近人，对他很好。苏步青夫人松本米子生病时，张和光之子张厚绍很照顾她，长期给她看病。在张和光住在上海儿子那里时，苏步青经常送水果给他，还夸奖张厚绍，说他照顾松本米子比自己的儿子还周到。张厚绍英年早逝，苏步青怀着非常沉重的心情，写信安慰张和光。甚至还说自己也有失子之痛，劝他从悲伤中走出来，好好爱护自己的身体。

苏步青与张和光有相同的人生境遇，从一九八六年十月十九日苏步青写给张和光信件中可见一斑：十月十四日惠函奉悉，承蒙您老人家对老伴逝世的吊唁，使我感激不已。我同您一样，在老伴去世两个月前，长子（五十六岁）在大连病亡，当时对病危的老伴还瞒着不敢透露，把该由两人分担的悲怀我单独包了下来，其痛苦可想而知。经过这半年来各方戚友的慰藉和自己多方思考，现在基本上振作起来。北京开会两次，南京一次，上海市里的活动更多了，这些也是使自己化悲痛为力量的推动吧。附上悼亡诗三首（并序），聊以代替过时的讣告。

苏步青去世后，张和光写下了悼念诗《怀念苏步青先生》：“战时邂逅识荆公，半壁河山劫火红。天府林泉施教泽，中华儿女坐春风。重瞻芝宇惊双鬓，每惠兰言刻五衷。忽报鲸骑生兜率，纵横涕泪仰长空。”

难忘乡井未归田

郑立于，一九三〇年九月生，曾任平阳报副总编辑。著有《祖国的矾都》，被评为“浙江省建设新面貌丛书”的标兵书。《百鸟诗集》受到香港评论家、诗人巴桐、张诗剑好评。主编《平阳县志》，在报刊发表各类文章三百多万字，并为浙闽各地风景名胜、佛道寺观撰写了不少楹联、碑记、古诗。

苏步青与他结下深厚的乡谊乡情，应该追溯到一九八〇年。是年春，为了敦请苏步青为他藏书的“言志楼”题匾额，郑立于特地由善于章草的同事抄录他认真起草的信札，并盖章邮寄。苏步青接到他的信件后即来电："来信我看到了。'言志楼'是诗以言志，志以定言，'诗言志'可能是出于《尧典》等古籍，很好，我有空就写。"不到一周，就收到"言志楼"题词。署名横竖各一张，印章盖得端端正正。同年，苏步青给郑立于的信件中，附上了亲自题写的七律一首：

少年意气老来收，漫道寿夭能得侔。
世自分三成一局，生难满百虑千秋。
客怀似水终嫌淡，别梦如烟转觉浮。
苦忆钱塘明月夜，何人江上弄潮头？

后面注释道："和人《寄怀》之作原韵，立于同志雅正。苏步青未是草。"

一九八三年七月中旬的一天，郑立于收到一封用"国务院学位委员会"的信封寄来的信。他打开一看，原来是苏步青亲自撰写的七律一纸条幅。诗曰：

旧山遥隔白云端，梦里春深听杜鹃。
衣锦夜行非昔日，闻鸡起舞记当年。
锲而不舍镂金石，老益无能让俊贤。
忆得坡公誓江水，难忘乡井未归田。

诗的题识为："癸亥春节，退居二线，赋此自娱，书奉郑立于同志法家雅正。复旦大学八十一翁苏步青。"

这幅作品诗书俱佳，大家视如珍宝。平阳县文化局领导干部请温州最好的装裱名家予以装裱。

在各地报刊上，看到苏步青发表不少诗词等文艺作品，郑立于曾建议结集出版。苏步青回信："关于尊议出版诗集问题，我是不能同意的。

因为品种甚少，质量更差，不登大雅之门，岂敢贸然问世？何况国家目前经济还没有上去，要把财力用在刀口上，旧体诗之类的文艺作品必须往后推移。目前已经出了不少的这个‘集’那个‘钞’，无病呻吟，未死先立传，此风不可长也。不知您以为如何？”还写道，“我出院已两周，天热蛰居我校给予一间装有空调的房间，赶写一本数学名著的译稿，月底交付出版社。上海市委因工作需要，任命我当中国对外友协上海分会会长，有十四个分会长。目前已进入接待外宾的旺季，九月十月将臻高潮，本星期就有好几批要我出面。垂死之年，还能为人民做点工作，心情舒畅，不知‘晚’之至矣。”

苏步青还对郑立于的《百鸟诗集》写作、出版过程给予很大的帮助和支持。一九八五年一月二十七日来信说：“从北京回来，获惠函，备悉尊著正在修改中，问世有日矣，欣何如之！将倩作序，无任光荣，也觉惶恐，盖所谓附骥尾之类欤？俟重新拜读后，或可遵命。”

一九八五年还有两封来信，均提道：或因工作缘故，或因年迈、趾疾等身体原因，故乡之行又得延期，对不起故乡亲友。苏步青热爱祖国，热爱故乡，与大哥苏步皋的情感非常深厚。有一次郑立于到苏步青在复旦大学的家，甫坐下，苏步青就笑着拿出一张兄弟合影的照片给他看，说：“我两兄弟又在一起了！”“什么时候你俩碰面啦？”“当今的科学技术让我俩走在一起。不久前，我的照片和我哥的照片都寄到在美国定居的侄儿苏德润家，经过现代摄影师的撮合，永远心连心了。我希望所有分居两岸的兄弟、姐妹、夫妻、父子……都能相聚一起，家家大团圆，祖国大团圆！”

苏步青每次见到郑立于时，常问：“我家庭院里那株榕抱枇杷怎么样？那口古井的水怎么样？”如遇台风袭击平阳，苏步青会打来电话询问：“台风过境，房屋人畜有多大损失？胞兄经手造的那条长桥，桥下泥沙涨得多高？水还有多深？”他还对卧牛山如何构建公园与郑立于做了讨论，也谈到整个腾蛟、整个平阳的建设，叫他做做文章。于是他应苏步青之命，写了《让两个文明建设比翼双飞》一文，有上万字。一九八六年元旦苏步青给他回信，信中写道：尊作《让两个文明建设比翼双飞》已拜读一遍，深佩您多谋善策，为平阳筹划建设，开展文化，开发旅游。关于腾蛟卧牛山建设公园一事，设想极佳，将来有可能实现，但考虑到我国经济改革正在走一步看一步，生产不发展，就不可能百废俱兴，鄙意您的设想目前很难变成事实。瑞金、香禾农处我也催过两次，至今没有肯定回答，知念顺闻。

南雁回飞南雁天

徐祥地，一九三三年出生，平阳人，早年参加浙南游击纵队，主编《平阳文物》《平阳历代名人选录》《南雁荡山民间故事选》等书。发表散文、戏剧、评论近五十万字，曾获省纪念毛泽东一百周年诞辰“长青杯”诗词赛二等奖。

一九八六年冬，平阳县人民政府为修缮苏步青在腾蛟的故居，特委派县文物馆馆长张日文以及徐祥地等数人，前往上海复旦大学征求其本人意见。苏步青在门口笑盈盈地迎接他们，他用闽语乡音打招呼，一一握手，邀请进房就座，亲自为客人泡茶分烟。苏步青家的客厅二十多平方米，排列木架书橱、悬挂名家书画、布置简约质朴，仅在窗口装设一台空调器。八十年代空调算是奢侈品，苏步青说这是国家对他特殊照顾，但必要时才动用，防止浪费。

张日文首先代表县领导向他请安问好，接着提到他的故居破损情况，苏步青戴起助听器郑重听取汇报。当听到将由县政府拨款维修时，苏步青挥手制止。苏步青认为当前地方财政并不十分宽裕，比他的故居更重要的很多事要办，如提高、改进地方教育设施，等等，谈得恳切认真，最后谈自己故居可暂缓，迟几年再说。为道谢这次珍重的会晤与热诚接待，返回平阳后徐祥地奉函向他表示谢意，邀请他到家乡走走看看，为振兴平阳出谋划策，并赋诗乞求指教。半月后，接到苏步青从北京寄发的快件，说自己正在京参加全国政协会议，接到复旦大学呈交的信，感到异常高兴，特在会议休息时给他复函，免他悬念，聊表心意，并附有《萝屋》一诗：廿八年间萝屋成，退居今更觉幽清。春风铺瓦红绒毯，夏雨围墙绿叶城。身健未愁双鬓白，夜寒犹爱一灯明。心随四化二千载，孑孓畸人过此生。

由于对诗词的共同爱好，苏步青与徐祥地建立了师生一样亲切的情谊，时有书函往返。每到元旦与春节，苏步青常向他恭贺新禧，他也向苏步青道贺。

一九九〇年一月，苏步青赠予徐祥地《登杭州大厦感赋》一诗：何幸武林旬日游，来登全浙最高楼。初惊眼底江山小，顿觉鬓边年月流。岚影几回催远展，潮声依旧报清秋。不辞衰老轻腰脚，归去终须守一丘。

一九九〇年七月三十日，苏步青回信写道：平阳县府为了修理我的旧居花了那么多的费用，令人既感且愧矣。好在不久的将来，这所居宅必定变为公家之用，问题在于：怎样把它管理好，包括屋后竹林、围墙等。乡间精神文明有待提高，社会道德方面，问题不少吧。承示“四戒”诗，很好，值得大家学习：弃农、恶劳、迷信、厚葬——这四者不除，前途可虞矣！另一首野稗诗亦佳。

一九九〇年十二月五日，苏步青回信中写道：前月因忙于我校党员重新登记学习、评议，直到月底才告结束……带溪旧居承蒙县府重视，修葺整顿，殊深感激。家山别后，倏又三载有余矣，屡想有朝一日，回去和家乡老幼欢聚话旧，畅叙离情。但事与愿违，躺健时总想为国为民竭尽余微，拟效伏波之豪言壮语于万一耳。

一九九一年六月二十九日，苏步青回信中写道：尊作中，诗词系通称旧体诗词，她之所以被冷落，恐怕有她本身是旧这一原因吧？“旧”在于所描述的社会现象、人民生活、诗人的“志”，甚至在于山岚、水色，等等。尊作指的“普及”是不是也包括这些方面吗？这是一点。第二点：文中说的“备受歧视”“数典忘祖”必须矫正的提法，似乎不太恰当。我以为，旧体诗词之所以不受年轻一代的欢迎，主要是由于：（1）用旧格式表达新事物确有困难；（2）用典故，一般不为现代人所理解；（3）文字结构有些差异，使人难以理解，等等。撇开这些原因，光是要普及旧体诗词，确实有困难。

一九九二年，徐祥地从原单位退休返里，顺便将这消息告诉苏步青。次年新春收到苏步青的贺年卡片，题写贺联："金鸡报晓金鸡路，南雁回飞南雁天。"

我是一位普通老百姓

张文时任平阳县教委主任。一九九一年十月二十日，张文等人到上海华东医院探望，苏步青得到通报后，立即高兴地从病床上起身，拉着他们坐在沙发上。他乐呵呵地说起闽南话："没啥坐，坐树枝，没啥吃，香菇木耳妄叉叉。"这句他孩童时念的俗话，意思叫他们随便坐，逗得大家笑开了怀。当苏步青听说他的学生、美国宾夕法尼亚州大学数学系主任、教授杨忠道八月十一日在平一中设立"苏步青数学奖学金"时，甚为高兴，笑呵呵地改用平阳话："杨忠道，平阳江山乡张家堡人（现属龙港市张家堡村），有名的数学家，我很喜欢！"随即他专门跟大家谈起了有关办学和培养年轻一代的话题。一行人欲告别时，提出："和您照个相，行吗？"苏步青脱口而出："行啊！"于是大家都站着，要苏步青坐在当中。苏步青不肯，便拉着张文的手说："大家都站着吧！我最矮，其他人都比我高，还是平阳的营养好。"这句话把大家都逗乐了。

一九九二年五月二十一日，张文等人赴上海造访苏步青。待大家坐定后，苏步青打开话匣子，问长问短。他最关心的话题是家乡的教育事业和青少年的成长。"责任重大啊！教育是基础，培养人才从基础抓起，一定要培养青少年艰苦朴素的习惯，学校要勤俭办学，学生求学阶段讲享受是读

一九九五年，与平阳家乡教育工作者合影（摄于上海）。右起：王德平、张文、苏步青、姜汉椿

不好书的。”其间，张文随口说道：“苏教授，您穿得还比不上我呢！”苏步青挺起胸膛说：“我是一位普通老百姓、学者，平时穿得就是这样朴素，一旦出席重要会议和接待外宾，才会西装笔挺，皮鞋擦得锃亮，还会说几句洋话呢！”环视他的居室，除中央有关部门赠贺他生日快乐的老寿星塑像、大寿图及装满大厚本书的书橱外，别无其他豪华摆设了。

此次恳请苏步青为《平阳县教育志》撰写序言，苏步青欣然应允，感激和兴奋之际，张文又随手从手提包里掏出日记本请苏步青题字留念。苏步青乐意地接了过去，在上面端庄地写下：“莅临敝舍，蓬荜生辉，苏步青。”张文十分惊讶，既高兴又感到惭愧，一位大人物给小字辈留下这么谦逊的墨迹，怎么接受得了呢？后来，经王增藩教授解释才领会，苏步青把自己看成是普通的教师，家乡的一位县教师代表来访，当然很高兴。

一九九四年十二月十一日，张文带着夫人一起去见苏步青，送了一包大红虾干和一些茶叶，苏步青高兴地说：“那么客气，这些都是家乡的特产。北港的粉干和芋头很好吃，我都很喜欢。”此次张文为编写《苏步青的故事》和《成才之路》两书而来。苏步青十分支持，认真地嘱咐几点：“编我的故事，一不能为我树碑立传；二不能多用形容词和夸张拔高；三要用我的经历，将对青少年有教育意义的故事，原原本本地写下来，这是前辈应该做的……”初稿写成后，再送苏步青审阅。苏步青很满意，笑着说：“那么快写成了，辛苦您了！”经他同意，书名定为《卧牛山下农家子——苏步青的故事》。

一九九七年春节后的第五天，张文突然接到从上海寄来的一封信，忙打开一看，原来有一张是苏老给他的贺年卡，还有一张题词：“淡泊明志”四个大字。王增藩秘书在来信中写道：“苏老说，张文带那么多的校长来索书，从未给他写一张，病情稍有好转，正月初一清早起床，特地为你写了这一张……”

一九九八年五月二十八日，张文又带着次女张静美和五岁的孙儿去苏步青家做客，并送上已出版的《苏步青的故事》。苏步青看到小孩子特别高兴，随即把他拉到身旁，亲昵地贴了贴脸，一起合影。这张照片，张文把它放大，挂在客厅里，小孙儿经常会对来客神气地说：“这是我第一号朋友苏爷爷！”读小学五年级时，曾写了《我的朋友苏爷爷》一文刊登在《温州都市报》上。

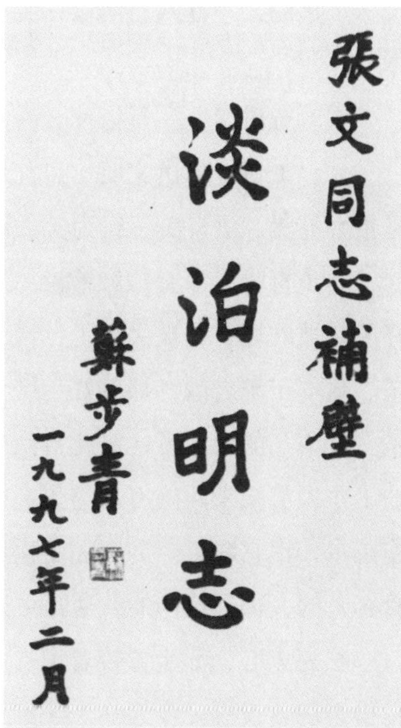

一九九七年，为张文题词

在几年中，苏步青还陆陆续续地给张文寄去了春节贺年卡、书信、纪念信封、题字，甚至还有苏步青身份证复印件。一张张合影照片，记录着两人的亲情。

不要客气，当作茶水，把它吃了

一九八四年农历十一月，苏步青为平阳县小题赠《卧牛山谣》，在平阳教育界、县城成为新闻，师生们无不为之欢欣鼓舞。一九八五年四月二十五日，校长杨须友专程赴沪向苏步青致谢，并递上《卧牛山谣》铅印注释稿。苏步青笑容可掬地说："注释得不错。"当得知杨须友会讲闽南话时，苏步青提议就用地方方言来进行沟通。于是就有了下面几句简短而有趣的对话。

"听说学校办得蛮好，还得过全国先进？"

"是的，一九八三年被评为全国'五讲四美，为人师表'活动先进集体。"

"'五讲四美'是指什么？"

"'五讲'指讲文明、讲礼貌、讲卫生、讲秩序、讲道德；'四美'是指心灵美、语言美、行为美、环境美。"

苏步青听后深有感触地说："'文革'的后遗症不少啊，不少好传统、好风气被破坏了，被丢弃了，说令人痛心疾首也不为过。好在经过拨乱反正、清本正源之后，那些好传统、好风气又慢慢地恢复起来了。"苏步青是"文革"的亲历者，对此自然也是感同身受。谈话过程中，苏步青身边的工作人员端来两碗有水潽蛋、桂圆的点心。苏步青说："不要客气，当作茶水，把它吃了。"在二十世纪八十年代，这样的甜汤佳肴多是招待尊贵客人的，得到这样的礼遇是可以在亲朋挚友面前炫耀的。

吃完点心，苏步青接着说："家乡经常有人来上海，讲起福建话，就觉得亲切、投机。今天你来了，我特别高兴，精神也格外好。我们一直用本地话交流，人说酒逢知己千杯少，咱们是话语投机不嫌多。时间还早，我也没有其他安排，你若是方便，咱们再拉拉家乡的事。”杨须友当然求之不得。

于是苏步青先开口，像是出题考杨须友。

“知道林景熙吗？”

“知道一点点。是您老在《卧牛山谣》跋文中提到他，我才去了解的。”

“还有什么名人出在腾蛟呢？”

杨须友摇摇头，真的被苏步青考住了。

“棋王你没听说？”

“棋王谢侠逊是平阳西门人。”

苏步青笑着说道：“不对，他本来是腾蛟风巢人，是后来才搬到平阳城关的。我与棋王接触不多。他的棋艺超群是闻名于世的。更令人尊敬的是他在抗日战争期间，曾作为国家特使赴南洋各国，以下棋宣传抗战，募捐支持抗日，还动员三千多名华侨青年归国投身抗战，这种精神实在不简单。”

说起林景熙，苏步青也是赞不绝口。他说，林景熙是南宋末期的爱国诗人，佳作不少，也是温州两千年历史中成就最高的诗人。特别是元初将领杨琏真迦发掘绍兴宋室六帝陵及大臣墓一百零一处，抛弃其遗骨。当时他激于义愤，约同乡人前往收拾骸骨，葬于兰亭附近，移植皇陵冬青树为标志，作《冬青花》等四首，以记其事，以抒忠愤。这种热爱祖国、反抗民族压迫的行动，深受后人称赞。因此，我在《卧牛山谣》跋文中特意标出爱国诗人林霁山（即林景熙）之墓。

苏步青与杨须友还谈了南雁的秀溪幽洞、奇峰银瀑，谈了地方特产芋艿的甘酥、炒粉干的喷香，谈了饮食时要注意喜欢吃的菜肴要少吃一点，不喜欢吃的也要吃一点……

家乡的老师来了，我是一定要见的

一九九四年十一月九日，夏江雷以平阳县教委副主任和编纂领导小组组长的身份与《平阳县教育志》办公室宋文骥副主任一同去上海拜访苏步青。出发前已听说，苏步青前段时间身体欠佳，一直住在华东医院，近日刚从医院回家。担心不会被接见，后来才知道这种担心完全多余。苏步青听说是家乡来人，又是教育界的同人，很高兴接见他们。当天苏步青身穿格子呢大衣，头戴一顶蘑菇帽，一脸慈祥和蔼的笑容，握住他们的手亲热地说："家乡的老师来了，我是一定要见的，欢迎，欢迎！"老人家拿出一张不久前胡锦涛同志和他的合影。他们恭敬地向苏步青致意，祝他身体健康，然后捧出麻步柚子和斗雾山绿茶两样家乡土特产。苏步青见了非常高兴，特地用双手捧起柚子闻了又闻，笑着用闽南话说：香抛、香抛（即柚子）！接着，苏步青又拉着宋文骥的手说："我们平阳是个鱼米之乡。"

苏步青详细地询问家乡教育事业的发展情况，得知平阳县近几年正在加大力度普及九年义务教育，校舍中的危房正在得到改造，乡村的学生再也不用在庙宇、祠堂里上课了，中小学的义务教育普及率和教育质量都有很大提高，再用两三年时间就可在全县普及九年义务教育了。苏步青十分高兴地说："一个肯办教育，重视教育的干部是个好干部。"说话间，苏步青多次问晓坑乡的教育现状怎样，有没有失学的学童，叮嘱夏江雷转告家乡的各级领导，特别要关心贫困地区的普及义务教育工作，中小学是基础教育，只有基础夯实了，才能出人才，才会出顶尖人才。当听说县教委制订"11234455"工作规划时，苏步青赞同地说，让平阳多出人才，是你们教育干部和全体老师的重任和光荣。中小学的老师们很辛苦，担子也很重，大家要努力工作，把孩子们教育好、培养好。苏步青又指着夏江雷说，你是教委的领导，一定要关心老师们啊！

随后，他们向苏步青汇报编纂《平阳县教育志》的事。苏步青戴着助听器很仔细地倾听，然后说："平阳教育源远流长，自西晋太康年间置学宫开始，至今已有一千七百多年历史。两宋以来，广建书院，延师课读，弦诵不绝，以至乡贤辈出。”苏步青边数着手指边说，仅宋代平阳就出过两个文科状元，一个叫周坦，是嘉熙二年的；一个叫徐俨夫，是淳祐元年的。另外，在宋代时平阳还出了十几个武科状元哩。所以，平阳素来有“海滨小邹鲁”之美称。新中国建立后，平阳的教育事业更是呈现出前所未有的兴旺景象。现在你们要编《平阳教育志》，这对于总结经验，促进教育事业的发展，可是件大好事啊！苏步青说着，一口答应为《平阳教育志》作序。

临别前，夏江雷突然冒出一个大胆的想法：请苏步青题词。没想到苏步青连连答应：可以，可以，字写在哪里啊？这时，夏江雷才想起，因为来时心里想的只是能不能见到苏步青，根本不敢想能得到苏步青的亲笔题词。所以，身边连一张像样的纸也没有，只好从包里拿出一张便笺。苏步青略一思索，就提笔写下“教育事业，源远流长”八个字。

地灵人杰我平阳

一九九〇年夏，平阳县委决定编辑出版本县新中国成立以来首本《中国·平阳》大型画册。县委办指派摄影家姜光树负责摄影工作，并要求他专程采访苏步青。在复旦大学校长室，苏步青听取姜光树关于《中国·平阳》画册的编辑大纲内容介绍，盛赞家乡确实是人杰地灵、物产丰富。而后，苏步青盛情邀请姜光树去他家做客。一路上，他用一口浓浓的乡音介绍复旦大学的校园，谈自己的生活。他说，我身边带了一个计步器，每天坚持步行上下班，用计步器测出往返时间以及速度多快才能达到健身要求。到家后，他铺好宣纸开始用毛笔书写自己的诗作：地灵人杰我平阳，鳌水雁山鱼米香。苏步青说，书法是养身、练气最好的方式。于是这张苏步青正在练习书法的照片后来被《中国·平阳》画册所采用。一九九一年

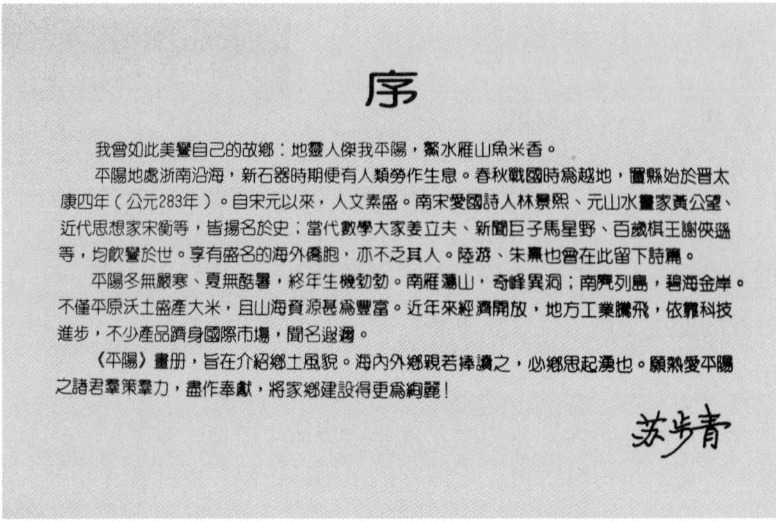

序

我曾如此美譽自己的故鄉：地靈人傑我平陽，鰲水雁山魚米香。

平陽地處浙南沿海，新石器時期便有人類勞作生息。春秋戰國時爲越地，置縣始於晉太康四年（公元283年）。自宋元以來，人文素盛。南宋愛國詩人林景熙、元山水畫家黄公望、近代思想家宋衡等，皆揚名於史；當代數學大家姜立夫、新聞巨子馬星野、百歲棋王謝俠遜等，均飲譽於世。享有盛名的海外僑胞，亦不乏其人。陸游、朱熹也曾在此留下詩篇。

平陽冬無嚴寒、夏無酷暑，終年生機勃勃。南雁蕩山，奇峰異洞；南麂列島，碧海金岸。不僅平原沃土盛產大米，且山海資源甚爲豐富。近年來經濟開放，地方工業騰飛，依靠科技進步，不少產品躋身國際市場，聞名遐邇。

《平陽》畫册，旨在介紹鄉土風貌。海內外鄉親若捧讀之，必鄉思起湧也。願熱愛平陽之諸君羣策羣力，盡作奉獻，將家鄉建設得更爲絢麗！

苏步青

一九九一年，为《中国·平阳》画册作序

七月二日，由华艺出版社编辑出版的《中国·平阳》中英文对照版大型画册正式发行。画册由全国政协副主席苏步青作序。全册分山水胜境、城乡新姿、横阳奇葩三大部分，用一百一十幅彩色照片，比较系统地介绍了平阳在改革开放和城乡两个文明建设中取得的成就。

一定要好好地建设学校，培养好学生

苏立平的爷爷是苏步青的堂兄，按家族房亲称呼，苏立平应叫苏步青为六公。

据他回忆，“文化大革命”的风波慢慢平静下来的时候，其父苏尔孝调到带溪公社中心学校任教导主任。为了扩建教学楼，苏尔孝受县教育局和公社重托，前往上海找苏步青帮助购买钢筋水泥。没几天，苏尔孝就把急需的钢筋水泥带回来了。按常理，完成了使命，心里当然充满愉悦。可是，看得出来，苏尔孝心情却有点沉重。后来苏尔孝告诉家人，他是在复旦大学校园中的菜园里找到苏步青，当时苏步青正和一班教授在敲石子铺路。虽然见到苏尔孝的时候很高兴，乐呵呵的，还幽默地说自己本来就是种地的出身，是地道的农家子弟。但可以看得出来，苏步青的日子不好过啊！

一九七六年端午节，苏步青的儿子苏尔馥来到苏尔孝家里，他问苏立平现在做什么，苏尔孝说："立平正在当学徒，学打铁。"苏尔馥严肃地对苏尔孝说："我爸说我们苏家人要好好地读书，你孩子不要让他学打铁，让他继续读书吧。"既然苏步青都这样要求他们苏家人，苏尔孝就爽快地答应了，苏立平又重新回到学校，继续他的学业，最终当了一名传道授业的教师。

一九七八年，县教育考察团邀请苏尔孝一起到上海参观学习。苏尔孝回来的时候，满脸堆笑，不知道兴奋了多长时间。他告诉家人，实在是太神奇了：考察团到上海，苏步青给他写了一张条子，他就拿着条子到区教育局找苏步青介绍的科长，结果，三天的考察安排得满满的，所到的每一所学校，都挂着"热烈欢迎浙江省平阳教育考察团前来参观学习"的横幅，受到了热情的接待。

一九九八年五月，因腾蛟镇一小迁建，苏立平陪同前往上海拜望正在上海华东医院特护病房疗养的苏步青。当苏立平告诉苏步青，他是苏尔孝儿子的时候，苏步青就很激动地说："你是尚龄的孙子呀，你爷爷小我一岁，少年时和我一起放牛、一起干活的哟。"临走的时候，苏步青附在苏立平耳边说，"教育很重要，政府这么重视，你在基层，还是个领导，一定要好好地建设学校，培养好学生。"

千风万雨都过尽

白希石与苏尔孝同在腾蛟中学任教，苏尔孝管苏步青叫六叔。一九八四年正月，他偕苏尔孝到复旦大学拜见苏步青，十分珍惜和庆幸见到苏步青的机会，鼓起勇气，问起了苏步青从小求学，到学成回国的主要经历。苏步青操着家乡的闽南话，没有一丝走调。当他提起刊载在《湖海诗钞》里的苏尚珍诗时，苏步青的谈兴马上高涨。接着白希石吟诵了苏尚珍和苏步青在温中读书时为伍菊轩所作的诗挽联，苏步青欣然离座，同他握手，并问他是怎么知道自己和尚珍在温中时的诗作。白希石说，是从邻居苏尚虎家所藏的温中校刊获悉的。从尚珍诗文看，他的确才华横溢，在平阳北港至今还有“北港珍，南港孩”之说（意思是说诗文北港要属尚珍，南港要属天孩。天孩，即陈梦麟，是平阳著名诗家），随即吟出了苏尚珍的《诱蟹诗》。苏步青好像回到曾与尚珍同样欢乐的孩提时代。苏步青与尚珍是本家，且同龄同辈，孩时就读于温中。遗憾的是尚珍家境贫寒，温中毕业后到厦门以教书谋生，因患痢疾，死于厦门，那年，他才三十六岁。当谈论尚珍这些往事时，苏步青连连叹惜他才高命短。白希石谈论苏尚珍《挽伍菊轩》五首，又谈了苏步青《雁山四咏》，苏步青欣喜之至。“我早有搜寻尚珍遗诗之意，这事就拜托你了，望你整理到尚珍的所有诗作寄给我。我拭目以待！”苏步青接着又说，“尚珍读书偏重文科，理科不行。我是文理并进，要论文科，尚珍比我强。”谈兴间，白希石念起了自己在高中写的一首诗，苏步青听了哈哈大笑，并说：“有诗意，有诗意！”白希石说，这哪里是丝（诗），简直土布也算不上。你的诗才叫诗，你的《灵隐寺前戏作》值得玩味，含不尽之意于言外。“何以见得？”苏步青反问道。接着白希石说出自己对该诗的见解。“我写诗的时候，倒没有想得那么多，倒是让你给说上了。”苏步青频频点头，会心地笑了。

一九八六年，受苏氏族人之托，白希石为苏氏祠堂代撰楹联二十一副。其中一副写道：名昭史册，明月清风苏子赋。学贯东西，卧牛带水旧耕农。不料此联在苏氏宗祠一写出，竟招来“污蔑丑化”苏步青之说，使其担惊受怕了一阵子。为了讨个明白说法，他将此联及苏氏宗祠所有用联一并抄寄一份给苏步青过目。七天后，便收到苏步青的回信：为苏氏宗祠台撰，足见你贤劳可嘉……更令他不能忘怀的是，苏步青还圆了他的美梦，赠予《灵隐寺前戏作》书法作品。一九八〇年苏步青创作《灵隐寺前戏作》诗曰：重到武林春已阑，如来殿下水潺潺。千风万雨都过尽，依旧东南第一山。古木参天宝殿雄，万方游客浴香风。劝君休坐山门等，不再飞来第二峰。这首诗告诫人们，信仰是一种精神企求，飞来峰仅仅是一个传说，不能有坐等山门的幻想，要相信自己，风雨终将过去。苏步青借此诗寓意给白希石以莫大鼓舞。

中学很重要，它是一个基础

一九八五年春，平阳第一中学校门重建，校长黄光夫与陈旭光商议，想请一位有声望的平阳籍名人为学校题写校名。广泛征求了社会各界的意见，都认为请苏步青题写是最好不过的。于是黄光夫把这个重任交给了陈旭光，让他去上海拜见苏步青。当时苏步青是全国人大常委会委员、复旦大学名誉校长。由于有苏步青女儿苏素丽的家信以及“地方人”的身份，到达上海的当天，陈旭光就得到复旦大学校方的安排：明天下午苏步青在寓所接见。回想那天，还有一个有趣的细节：因为初出茅庐怕误事，陈旭光还专门去踩了点，从他下榻的复旦大学招待所往苏步青的住处先走了一遍，心里才觉得踏实。

第二天下午，陈旭光准时来到位于复旦大学九号宿舍区的一幢长满爬墙虎的西式别墅。一位年长的保姆出来开门说，先生已经在楼下客厅等他了。进客厅便听见老人洪亮的声音：“是平阳一中的陈老师吗？”一位前额宽阔、目光炯炯的老人热情地向他伸过手来，“欢迎欢迎，来自家乡的老师！”陈旭光第一次见到德高望重的苏步青，显得有些局促。苏步青问：“会闽南话吗？”陈旭光说：“能听懂一些，但还不能交流。”

苏步青笑着说："那就用普通话吧。"于是陈旭光就向苏步青说明了来意。苏步青说，平阳一中是家乡的最高学府，为平阳一中题写校名是我的荣幸，你们需要我写，我就恭敬不如从命了。接着，苏步青问了不少有关平阳一中的事情，陈旭光一一做了回答。当陈旭光说到平阳一中已被列为全省重点中学，近年来高考成绩名列温州全市前茅时，苏步青非常高兴地问："有报考复旦的吗？"陈旭光说："有好几个呢。不过，考上浙大的比复旦的多。"苏步青说："浙大与复旦都是我工作过的地方，都是很好的学校。"苏步青喝了一口茶告诉陈旭光，"我退居二线后，在做一件很有意义的事，就是为中学数学教学编写辅导资料，我亲自为中学数学老师上课。"陈旭光说："现在中学的辅导资料都很缺，许多老师都在千方百计去寻找资料和题库。"苏步青说："我想解决的就是这个问题，中学很重要，它是基础。"苏步青对于平阳这些年来的变化，很感兴趣。陈旭光谈起前不久苏步青为母校平阳县小学写的一首古风体长诗《卧牛山谣》，并朗读了开头几句："卧牛山下农家子，牛背讴歌带溪水。欲砍青阶竹作鞭，牵牛去耕天下田……"苏步青见他记得这首诗，显得有些动容，深情地说："这首诗是我一生的总结。"接着，苏步青就对陈旭光讲起了他富有传奇色彩的求学经历。苏步青说："我与陈建功有个约定：我们都是浙江人，学成之后一定要回到浙江大学任教。"正因为有苏步青、陈建功这样一批教授致力于教学和科研，为国家培养了众多的科学技术人才，使浙江大学由一所普通地方大学迅速崛起，赢得了"东方剑桥"的美誉。苏步青本人也由于在微分几何学和计算几何学等领域的卓越成就，遂成为我国近代数学的主要奠基人之一。苏步青还对陈旭光说："'文革'时期我是里臭外香，在学校是臭老九挨批，在工厂工人师傅都亲切地叫我苏教授。"

那天，苏步青的谈兴很浓，说到自己除了从事数学研究之外，最大的兴趣在于写诗填词。他说："写诗，有时候是为了使自己大脑得到放松，调整一下思维方式。在数学研究领域遇到困难走不下去的时候，我就先搁在一边，读读唐诗宋词或写写诗，这样反而有利于我的研究。"苏步青还说，“我虽然是个搞数学的，但向来主张文理并重。”陈旭光说，这与爱因斯坦在完成相对论之前，弹奏钢琴曲而激发灵感的故事有异曲同工之妙。苏步青哈哈大笑着表示认同。

令陈旭光难忘的是，苏步青除了谈到他的人生经历之外，还说了家事，谈到了子女，也谈到了松本夫人。苏步青对松本夫人怀有深厚的感情，认为自己在事业上取得成就，松本夫人功不可没。苏步青还跟陈旭光说起一件不为外人所知的家事：松本夫人为了支持苏步青的事业，照顾苏步青的生活和抚养孩子，几次放弃了工作的机会。可到了晚年，这却成了苏步青的一件难事，因为非公职人员不能享受公费医疗。没想到身居高位的苏步青，居然也有普通老百姓的烦恼。

时间过得很快，原定会见的时间是一个小时，结果整整谈了一个下午。临别时，苏步青送陈旭光到门口，特地指了指门外的一个大草坪说：“这是我锻炼身体的地方。我主要的健身方式就是走路，每天绕着草坪走，这是我健康的秘诀。”

次日上午，陈旭光如约来到苏步青家。苏步青拿出已经写好了的“浙江省平阳县第一中学”十个楷书大字：“昨晚我写了几幅，早上让我儿子苏尔馥来帮我挑选，认为这幅比较好。”然后又说，“我的字写不好，如果认为不妥就不要用。”

还有一件事是陈旭光无论如何都不能忘记的。在他要离开苏步青家时，苏步青拿出签字本对他说：“这是‘芳名录’，凡是来过我家的客人，不论地位高低都要签名留念。你是家乡的客人，当然要签上你的大名。”看到前页都是些声名显赫的人，陈旭光不免有些紧张，但还是认真地签了姓名与工作单位。不料，苏步青看到陈旭光的签名之后道：“陈老师，你的字写得很好，这校名就由你写嘛。”这话当然是一种鼓励，但一时真不知该如何回应才好。急中生智之下，陈旭光就跟苏步青开了一句玩笑：“等我也取得像您这样的成就时，再看有没有机会噢。”苏步青笑着说：“后生可畏嘛。”说罢见他从书架上抽出一本笔记本说，“这里也没什么好的东西可以送你，这本浙江科技出版社成立五周年印制的笔记本还算精美，里面有我和一些科学家的题词，送你做个纪念吧。”说罢就在扉页写上：陈旭光老师惠存，苏步青，一九八五年一月三十日。

回到平阳，陈旭光把新校门拍了照片寄给苏步青，并以学校的名义向他深表感谢。一九八九年因张鹏翼举办个人书法作品展，陈旭光又一次拜访苏步青，请他为之题词，也借机委婉表达了求赐墨宝的愿望，没想到苏步青一口应承。没过多久，陈旭光收到了落款为“复旦大学苏”字样的一封信，里面装着苏步青为陈旭光书写的一张书法条幅。内容是苏步青自撰“退居二线感赋”，落款处题写“录呈陈旭光先生法家两正”。

雁山鳌水送温馨

苏步青的心时刻牵挂着乡亲父老。每次家乡不管什么人，凡是去找他的，都得到热情接待。特别是用闽南话叫“尚良”名字的，他就知道是亲人来了，更加高兴。由此，他的夫人、孩子，或是秘书，照样给予家乡来客热情接见和招待。苏步青总说：“每当家乡来人，我就有讲闽南话的机会了。”与友人谈现在，谈家乡富了小孩子还肯读书不。谈学校又增办了几所。谈宋代爱国诗人林霁山墓保护得怎么样了。谈卧牛山有没有栽树造林。谈童年时代的伙伴身体是否健康。家乡的一草一木一人，总能勾起苏步青的无限怀念之情。“一别名山四十春，有时归思寄南云”“秋来处处堪留念，朱橘黄柑又几村”。雁山鳌水的温馨融汇在爽朗的笑声中。有时从遥远的电话线那一头，传来他热情、温和、地道的闽南话，时而还夹了几句生硬的温州俚语，令人感慨——真是乡音未改、乡情难忘啊！

到了二十世纪九十年代中期，苏步青的身体已不容他每天步行上班，他不时住进华东医院治疗休养。这段时间，来访者已大大减少，而且因精力不支，能不接待的都由秘书婉言谢绝。然而家乡来的人却不能不见。他关照秘书说，凡是平阳来的学校领导、教师、友人，一定要安排接见。可见他的心始终和平阳人民在一起！

一九九七年一月二十五日，水头一小施正宣老师拜见苏步青时，苏步青用闽南话问道：“学堂内有一口老水井，未晓得还在不？”“在的在的，是在老校门前，旁边还有个土地公庙。”苏步青听到施正宣的回答，顿时像与人接头对上了暗号般欣喜：“真正是母校的人来了啊！”

一九九七年六月一日，鳌江一小校长陈焕光等人，趁到华东师大二附小参观之便，去拜访苏步青。那天苏步青也是卧病在床，一看到他们来探望，苏步青立刻起床，并一起坐在窗前的靠背椅上，拉起家乡的事来。当看到水头镇一小校长特意转交捎来的陈玉峰照片时，喜出望外地说：“这是我的恩师，很像！”苏步青抬起头问：“他还健在吗？”陈焕光告诉苏步青：“他早已亡故了。”苏步青突然笑了起来：“唉，我也九十多岁了，恩师如活着已经是一百多岁了！”苏步青手抚着那张褪色的照片，心里思绪万千……

二〇〇一年三月，苏步青在上海华东医院再次接见平阳县新纪元学校董事长陈伟志。苏步青听了家乡人带来的问候，十分欣喜，开怀地用闽南话念起了儿时的童谣，引得病房里一片欢笑声。当看到从家乡带来的盘菜、瓯柑等特产时，苏步青马上脱口说出名字，话语中寄寓着对家乡的挂念。之后大家簇拥着苏步青合影留念。

苏步青心系家乡，家乡人更想念苏步青。不少学校校长以见到苏步青为荣幸，纷纷前去探望。几年里，前后受到苏步青接见的，有平阳籍著名画家王卉、县委书记董希华、县长王擎峰、县委副书记薛继谢、副县长周景标、县人民政府驻沪工作处主任江蓓玲、县文史委主任任泽健、水头镇镇长申卫国、腾蛟镇宣传委员苏尔文、带溪乡宣传委员王仲凯、县教委副主任夏江雷、水头镇教委办主任林朝贤、平阳县教育志编辑宋文骥、平阳报社记者张君、水头一小校长唐升传、水头一小教师王茂松……出于对苏步青的敬仰以及感谢他对平阳教育的关心，时任省教育厅普教处处长潘行法，一时难有机会前去拜访，就特约张文陪他去见了苏步青。对家乡友人的来访，在每次接见中，苏步青都一一认真地听取汇报，并做亲切的嘱咐。每一次的来访，苏步青都把浓厚的乡情送给家乡的人民，每一次的来访，他都把殷切的希望寄予家乡的青少年一代。多少的嘱咐和教诲，多少的题词和勉励，多少的期望和祝愿，润人心田。苏步青就是这般心系桑梓情殷殷，他把“心”和“情”倾注给了家乡父老、莘莘学子以及家乡的建设!

在苏步青百岁诞辰之际，时任县小校长池昌松专程赴上海华东医院祝贺苏步青。虽然身体虚弱地躺在床上，但精神尚好的苏步青，深情地握着年轻校长的手。苏步青临终前，县教育局原局长应元涨等人赶去探望。即使在病危昏迷中，他也睁开眼睛看一看家乡人，好像寄托一种永远的关怀……

第六章

何时归看雁山云

苏步青十三岁便离开平阳，此后相继在温州市区、日本求学，及在杭州和上海工作、生活。一九八〇年，苏步青在《浙江日报》上发表的《无限怀念我的故乡》文章中写道：因此，我寄去一张近照，并题诗于其背面。诗曰："梦里家山几十春，寄将瘦影问乡亲。何时共赏卧牛月，袖拂东西南北尘。"这里卧牛是家乡的一个小山岗，以形得名。我确实跑了不少国家，衣衫上沾了很多"征尘"，总想有朝一日能够回家乡把它刷干净。

苏步青一生奔波辗转，在人生地图中留下了许多深刻的印记，故乡平阳在他心中无疑有着极其重要的分量和特殊的纪念意义。苏步青对于回家乡应该是魂牵梦绕，且记忆深刻的事情。

学生时代回平阳

一九一五年秋，苏步青以第一名的成绩考入浙江省立第十中学（现为温州中学），学习更加勤奋专注。温州最繁华的五马街，在浙东南老少皆知，离学校仅一里地，苏步青从来没有去玩过。除了生病，整整四年没有在晚上十点钟前上床休息过。在腾蛟镇卧牛山下的八个寒暑假，他白天帮父亲干活，晚上在灯下苦苦钻研，也没有去过一次亲戚家。不管是酷暑严冬，还是霜晨晓月，他都抓紧时间读书、思考、解题、演算，真正做到了“冬练三九，夏练三伏”。毕业时留下了前前后后高高摞起的练习本，里面足足有一万道几何题。现在温州中学还珍藏着苏步青的一本几何练习簿，是用毛笔书写的，非常工整。

一次暑假的晚上，苏步青正专心做着习题，母亲给他做了夜宵，催促他吃。苏步青准备吃的时候，脑中还在思考题目，忘记放下手上的油灯。他一手拿灯，一手揭开锅盖，无法拿取食物，他说：“妈妈你快来，我一手拿着灯，一手拿着锅盖，吃不到饭啊。”

苏步青自称“卧牛山下旧耕农”。留学日本期间，每逢假期回乡，他都脱下西装，穿上粗布衣，卷起裤脚扛起锄头，光着脚板下地，扶犁耙耕田、灌田水。苏步青还学会车水。家乡传说一件新鲜事：父亲挑粪桶，苏步青扛粪勺到田间去施肥。人们都惊奇地说，洋学生回来，还扛粪勺呢！一九二〇年暑假，苏步青回乡探亲，并与马伯华完婚。马伯华，乳名桂莲，幼小失怙由继母抚养，生辰年月日和苏步青完全一样。这桩婚事由苏步青父母做主、媒妁之言而定。所住两村仅一溪之隔，自幼青梅竹马、互相熟悉，且马伯华是苏步青高小要好同学马远之妹。一九一五年，按家乡的风俗订了婚。苏步青岳父对其读中学的费用，如衣裤、书本等已给予了一定的帮助，一九一九年苏步青赴日本留学，除洪岷初校长资助两百块大洋外，苏步青岳父还慷慨出资四百大洋及一批衣物。

结婚后第二天，苏步青就被父亲要求干农活，他也乐意接受。这反映他不忘农家子弟本色，以艰苦劳动为荣。一个月后，苏步青乃去日本留学，马伯华在家中侍奉翁姑，操持家务，同时春稼秋穑，从事农耕劳作。苏步青每年暑假回国小住，夫妻相敬如宾。

山是故乡青

一九三一年一月，苏步青获得日本东北帝国大学理学博士学位，婉拒多方挽留，毅然回国。在归来的船上，作诗《感怀寄友》：渡口云烟海鸟飞，江边春色认依稀。十年海上君休笑，赢得鬓发和布衣。三月五日回到浙江大学任教，在报到后抽空回平阳老家一次。小山沟里出了一个留洋的大博士真是十分轰动，乡亲们把“得博士”看作“中状元”，来探望的人络绎不绝。苏步青突然看到人群中一位头发花白的老人，一眼便认出是自己的恩师陈玉峰，心中一阵激动，急忙过去叫恩师，给老师施礼，请恩师上座。陈玉峰有些不自在地说：“我教过你，你是我的学生，可哪能称得上‘恩’呀！”苏步青真诚地说：“没有恩师当年的教诲，学生怎么也不会有今日！”陈玉峰听了非常高兴，笑着对周围的人说：“有这样的学生，也不算枉度此生！”过几日，苏步青特意举办谢师宴。他亲自走到十里外的陈玉峰老师家乡水头南湖，探望陈老师，并且雇了一顶竹轿子，请陈老师坐，迎陈老师到家招待几天。来回路上，他自己脚穿皮鞋，外套草鞋（表示敬意），徒步跟随在轿后。这一尊师举动，更引起家乡轰动，称为“洋状元穿草鞋迎奉恩师”。家乡父老惊叹地说：“留洋的博士，还那么敬重一位小学教师。”

一九三六年暑期，苏步青同学、时任国民党福建省主席陈仪聘请苏步青、陈建功到福州开办师训班，过了三个月左右，师训班结束后，苏步青即乘福州到鳌江的轮船回腾蛟老家小住。

一九三八年春，因日寇进攻，眼看着浙大在江西也待不下去了。然而，苏步青家中孩子又多且小，何况夫人又刚刚分娩，行动不便，不能跟着学校颠沛流离。苏步青为做长远打算，决定先把夫人孩子送回老家平阳。出发前，竺可桢校长对苏步青说："你的夫人是日本人，此行路上一定有人要盘问检查，搞得不好还有生命危险。我已经替你向朱家骅（当时浙江省主席）讨来一张免检放行的通行证，规定沿途军警都不得盘问检查。"果然，在从建德送妻儿回温州平阳的路上，在丽水汽车站，站长前来检查："如果没看错，你的夫人是日本人，我们应该检查。"这时，苏步青出示第三战区交通电讯管理局局长、浙大校友赵曾珏的介绍信，然而人家理都不理，依旧说："这是战时，我们一定要检查的，不看介绍信！"无奈之下，苏步青只好拿出了省主席的特别通行证。站长一看，口气便马上变了，笑着说道："多有得罪，那就不用检查了！"这时，苏步青更感激竺可桢对他的关爱，没有那张特别通行证，还不知会惹出多大的麻烦来呢！即使如此，但战时期间，路途多有不便，行程远比预期漫长得多。一九三八年二月十一日，竺可桢在日记中写道："步青来电，香曾来电，均知彼等暂不能来，大抵以交通不便也。"步青乃苏步青无疑。几多波折，苏步青一行终于顺利回到平阳，并居住在水头浦底亲戚施元茂家。

浙大学生山门镇人曾周与苏步青有过接触，当得知敬仰的苏步青回来了，便从山门高墩步行两个小时来到水头浦底。曾周见到步青先生喜出望外，苏步青见到他也感到意外，握着曾周的手说："浙大内迁了，我要跟浙大到内地去，只好先把家搬过来，有你在这里正好，你帮忙照顾照顾我家小吧。"曾周一口答应："这是学生应该做的，您尽管吩咐！"苏步青说："我们刚到，家里吃的用的都要添置，夫人不懂平阳话，孩子又小，当务之急是请个帮忙做家务的保姆。"曾周很快就把保姆请来了。

保姆诚实忠厚，会做家务，苏步青很满意。曾周知道苏步青很快就要离开平阳，便提议带他全家去南雁荡山游玩。那天一大早，大家坐竹筏从水头到南雁，苏步青一家人兴致勃勃从南雁荡山脚一直爬到仙姑洞。到了中午再坐竹筏顺流而下，漂了五里路再到曾周家做客。同样地，故乡的人们也以极大的热情，欢迎这位远道而来的媳妇，他们帮助她料理一切家务事，洗菜、淘米、做饭，常常有人悄悄地帮她干好了。苏夫人则常用自己微薄的力量，为乡亲们做一点事情。一直到新中国成立后，她和乡亲们仍保持着真挚的感情，不管是关系多远的亲戚上他们家，她都要亲自迎接，为他们安排食宿，从不表示厌烦。家乡的人说："苏先生太忙了，要不是苏太太，我们还真进不了苏家的门。"

苏步青一家不缺吃的，这里很多亲戚，依然挑着担子送来鸡、肉和水果。眼见着妻儿已安顿妥当，没几日，苏步青又准备要追随浙大继续西迁的队伍，临行前特意写下一首离别诗：

燕子 并序

一九三八年春，避寇挈眷南旋，寓水头浦底。夜闻燕子搏翼声，感而赋此。

燕子来何处，今宵宿我家。
声嘶知路远，翼破想风斜。
故里堂终废，新巢愿尚赊。
江南云水足，莫再向天涯。

序中所谓"水头浦底"，是现在的平阳县水头镇詹江村浦底。这里距苏步青老家腾蛟镇带溪村不到十公里。诗中"江南云水足，莫再向天涯"，道出了苏步青与妻子难舍难分的情景。

当苏步青追随浙大到达泰和时，因思念在故乡平阳的妻儿写下《自泰和寄内》（二首）：

妆奁锦瑟十三弦，欲听清音路几千。
一曲寒潮明月夜，满江红雨落花天。
离愁每在闲中发，往事常于梦里牵。
记否当年春旖旎，宵深犹奏想夫怜。

三年海上不能忘，六载湖滨乐未央。
国破深悲非昔日，夷来莫认是同乡。
遥怜儿女牵衣小，无奈家山归梦长。
且住江南鱼米地，另求栖息费思量。

诗中表达了苏步青在日本帝国主义入侵后，对远离自己妻子儿女的思念和他的爱国主义精神，以及当时的艰难环境。松本米子原籍日本，一九二八年与苏步青结婚，一九三一年随苏步青来中国时，带古筝作为妆奁，《想夫怜》是筝曲名。

一九三八年，浙大师生到达广西境内的宜山。这年暑假，苏步青与陈建功、陈仲和一起出发回老家探亲。苏步青创作《蝶恋花》记述当时心境：

钿毂平郊趋若骛，无限江山，画里轻轻度。万里不辞行役苦，东归欣过龙游路。

初夏溪风吹碧树，一塔斜阳，仿佛西湖暮。欲买扁舟从此去，断垣残壁家何处。

返回宜山时，因交通不便，到开学时已迟到两个月。在赴宜山路上，苏步青创作《菩萨蛮》：

轻车侵晓鹰潭发，清江时见还时没。天远路迢迢，长桥更短桥。

他乡容易别，千里逢佳节。况复捷长沙，明春归看花。

寄托离别之情，并期待来年再回老家。战争年头，不带家眷的浙大教师，都尝够了物价波动和邮政不便的苦头。苏步青的夫人和几个孩子都在平阳乡下，回去一次要历经千辛万苦；寄钱回家，钱还未到手，货币已贬值一半。有一天，竺可桢对苏步青说：“你不要等到暑假再回去，将来衡阳回浙江这条路肯定行不通，现在还勉强可以走，你赶快把家眷接来。”苏步青正发愁：“我哪有钱做路费，搬家要许多钱啊！”竺可桢好像早已考虑过，忙说：“钱不用愁，我们学校替你包下来了。”没两天，竺可桢一下子就批给苏步青九百块大洋，这在当时是一笔很大的数字啊！临走前，竺可桢还对苏步青说，他已关照浙江大学在沿线管交通的校友，行路时给予帮助。

一九四〇年四月，苏步青和陈建功起程，经鹰潭至兴国，过泰和回温州。苏步青回平阳后，写下《清平乐》，记叙了当时的情景：

竹庐雨后，稚子门前候。初夏绿窗人如旧，仿佛几分消瘦。

而今酒却闲愁，凉风浅醉登楼。吩咐溪边杨柳，殷勤为系归舟。

“稚子门前候”是由陶渊明《归去来兮辞》中“稚子候门”而来，整首词有一种闲适的归来之感。回到平阳后，苏步青重游南雁，写下了《南雁爱山亭晚眺》：

爱山亭上少淹留，烟绕村耕欲渐休。
牛背只应横笛晚，羊肠从此入山幽。
云飞千嶂风和雨，滩响一溪夏亦秋。
长忆春来芳草遍，夕阳渡口系归舟。

由于诗人对环境十分熟悉，顺手拈来，把碧溪渡、东南屏嶂、云关等景点描绘得呼之欲出。也许在这位数学家的脑海中，故园山水，始终是心中最美的诗篇。

稍事休息和准备，苏步青一家即于当年五月从平阳启程。正巧有四位学生要到遵义上大学，听说苏步青要搬家，即表示要同行并给予帮助。这一回大搬家非常艰苦，从温州到柳州，路上走了三十五天。在柳州休息一周，才买到公路局的车票。一路上坐火车，换汽车，穿山越岭，经过一个又一个的城镇，通过数个检查关卡，才到目的地。竺可桢知道苏步青带了家眷回校，非常高兴："这下子我好放心了。"苏步青每当讲起这件事，总是非常激动，他说："那一次如果没有竺校长帮助，我是无论如何也出不来的，那也就不会有以后的我了，所以这一次搬家是我终生难忘的。"

与竺可桢的一段情

这里有必要介绍一下苏步青与竺可桢的情谊。

在竺可桢的关心下，苏步青将夫人子女接到了贵州湄潭。苏步青一家与著名生物学家罗宗洛一家合住在一所破庙里。

一天傍晚，苏步青正在家里翻晒将要霉烂的山芋。竺可桢到湄潭县分校视察，专门到苏步青家看望。进了门他便问：“搬此物何用？”苏步青如实告知：“这是我近几个月来赖以生活的粮食。”苏步青一家是将山芋蒸熟后蘸盐巴当饭吃的。对于一个八口之家，每月薪水三百五十元，怎够维持生活呢？竺可桢眉头紧锁，想了想便对同去的附中校长胡家健先生说：“今后把他的两个在附中读书的儿子，改为公费生免交膳费。”儿子拿了竺可桢的手书办手续，按规定公费生必须住进学校。然而苏步青家一时又抽不出两条被褥，所以仍不能享受这一待遇。不久竺可桢知道了，又“特批”两个儿子可以住在家里而同时享受公费生待遇，从而减轻了苏步青对两个孩子的生活费用，这件事使苏步青终生不忘。到了第二年，竺可桢又把苏步青作为“部聘教授”上报教育部，并被批准。这以后，他的工资增加了一倍，生活困难就全部解决了。

一九九〇年三月，在竺可桢诞辰百年之际，浙江省政协文史办打算出刊一本纪念竺可桢的文集，名曰：《一代宗师可桢》。主编刘操南要求曾任上海浙江大学校友会副会长的杨竹亭就近去拜访苏步青，协助整理一篇纪念文章。在获得同意后，杨竹亭按约好的时间去拜访。因为苏步青事前做了充分的准备，所以谈得很深很长，约三个小时。苏先生怕一时记不起那些故人的姓名和事情，还请金福临陪在旁边帮助他一起回忆。

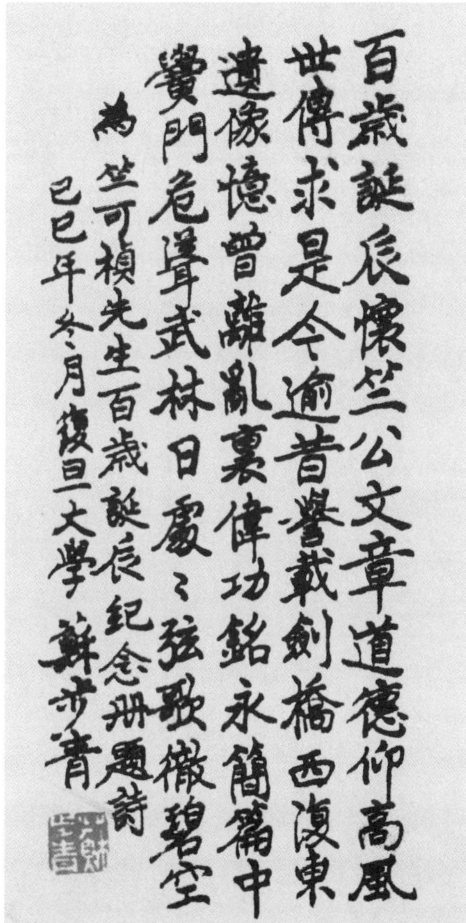

一九九〇年三月七日为著名中国科学家、教育家竺可桢先生一百周年诞辰，中国科学院和教育界在北京、杭州举行学术讨论会等纪念活动。竺公生前挚友苏步青特题诗以志纪念

苏步青说：我是一九三一年到浙江大学来教书的，而竺可桢是在一九三六年来浙江大学任校长，我比竺可桢先进浙江大学五年。那时候，我听说竺可桢是国民党要员邵元冲、蒋作宾的连襟，靠官僚关系来当校长的（其实完全不是这样的）。这样的校长哪里会有什么好呢？所以在竺可桢来浙江大学以后，我是一直持反对竺可桢的态度，可是后来知道，我错了。竺可桢明知道我在反对他，而他一直很关心着我。

其实，竺可桢自己是一位很有学问的学者。对有才华的学者，他都是热情聘请来浙江大学任教的，所以来浙江大学任教的教授也都认真负责为学校做出贡献。如谈家桢是一九三七年从美国回来的，当时他才二十八岁，竺可桢知道了，立刻聘他来浙江大学。章士钊的儿子章用和曾炯，都是被竺可桢聘来的。那时开欢迎会是在警报声中进行的，因为校长器重他们。有一次（在建德）有学生问章先生："警报都响了，老乡都去躲飞机了，我们还上课吗？"答："怎么能不上课呢？"又问："黑板挂在哪里？"答："可以挂在我的胸前！"可见浙江大学教授的负责和献身精神。

苏步青最后十分激动地说，一九六二年国家科委在广州举行全国科学家讨论科学规划会议，参加的科学家有三百多人。苏步青和竺可桢又碰面了。竺可桢见到苏步青时，对他说："我记得你的生日到了，我们就在此地为你祝寿吧！"于是竺可桢把参加这次会议的浙江大学校友，共六十五人，召集在一起，为苏步青祝寿。这是苏步青万万没想到的，在这样的时候还能记住他的生日，而且是在这么隆重的大会期间。一位著名大学的校长，在离开学校几十年后，还能记得教师的生辰日子，怎不叫人感动呢？苏步青对竺可桢的怀念，是最难忘的。他认为竺可桢是可以与蔡元培相比的两位中国历史上最好的大学校长。苏步青亲临竺可桢诞辰百年纪念会，赋诗寄怀：

百岁诞辰怀竺公，文章道德仰高风。
世传求是今逾昔，誉载剑桥西复东。
遗像忆曾离乱里，伟功铭永简篇中。
黉门危笄武林日，处处弦歌彻碧空。

重来犹抱百年心

一九四二年夏，日寇侵扰浙南，温州、瑞安等地相继沦陷，各地中等学校也因此废兴无常，造成学生的就学困难。地方上“救济温瑞沦陷而失学的学生”，让“贫寒子弟和年轻学生就地入学”的呼声强烈。因战乱而返乡的大中学校教师目睹家乡贫愚、教育衰微的现状，公推陈铎民为校长，在水头区小学举办暑期补习班。同年八月二十九日开始筹办初级中学。九月三日，水头区署召集社会贤达和名流举行筹办私立初中筹备员会议，决定：在暑假补习班的基础上，创办“平阳南雁战时初中学生补习学校”（简称“雁中”）；成立董事会，推举苏步青、苏步皋等五人为名誉校董；苏步青、张挺三、陈铎民、吴人鉴等十七人为学校创办人；选举陈铎民为校长；借用水头区小学校舍上课。九月十日开始招收初一新生两个班，一百名。九月十九日，学校正式开学，学生一百零一名，教职工十一名。同年十二月，省教育厅批准设校，定校名为“平阳县私立南雁战时初中学生补习学校”，开了平阳县创办私立学校的先河。学校草创伊始，白手起家、万事维艰，全靠陈校长、苏步青等倾心操劳。当陈铎民得知族婶吕妙贞花七百余块银元，购买了大量的杉木、石磉等建材，正筹备于南雁镇坎头坑内营造庵堂，经与校董会苏步青等人商量后，特登门造访，吕妙贞深明大义，将全部建材捐献给“雁中”，并发动一百多名陈氏宗亲，敲锣打鼓运送木料到二十里外的水头街。这一义举影响很大，山门、水头广大群众闻讯后，自带饭包到“雁中”参加义务劳动。整个北港出现了“有钱出钱，有力出力”的局面，促使学校顺利建成。陈铎民还动员开明士绅捐献“十亩区”，解决了操场问题。那段时间，一清早雄鸡刚叫，苏步青就得起床、用餐，而后脚蹬蒲鞋，行色匆匆，赶到二十多里外的水头街上班。到太阳落山时，又连忙赶回在腾蛟带溪的家中。那时带溪的石板长桥还未建造，若遇到山洪，苏步青还得涉水或泅水过溪。经过苏步青等人几个月的努力，学校终于慢慢步入正轨。陈铎民除了聘请当地优秀教师，还奔赴沦陷区礼聘知名教师回平阳任教，以艰苦创业，严谨治校，勤教乐学，树立了办学特色。一九四五年夏，陈铎民为践约而惜别“雁中”。临别前夕，全校两百多名师生列队，高举“如坐春风”锦旗，敲锣打鼓，绕水头镇一周，将锦旗送到陈铎民家里，一时传为佳话。马公愚称赞：“陈铎民先生县长不做，宁可领二十五元维持费，献身教育，精神可嘉。”苏步青在浙大西迁遵义期间，赋词赠陈铎民，表达了赞颂之意。词曰：

闻道故人挥妙手，越溪深处栽桃李。甚西风鸿雁飞，无笺纸。

欲把天吴倾碧海，中原誓把妖氛洗。待从头收拾旧河山，从君矣！

“雁中”时期，在陈铎民、苏步青等一批教育家的支持和关心下，学校以办学质量高而著称于浙南。

这期间还发生了一件令人津津乐道的事情。苏步青启蒙老师白祉臣家境贫寒，家中唯一的顶梁柱——二儿子被国民党军队抽到了壮丁，如果去当兵服役，家庭就面临崩溃之危。按当时国民党政府的政策，被抽到壮丁的人，要么去当兵，要么拿出一百块银元的壮丁费交给军队方可免掉一次兵役。就在白祉臣束手无策、忧心如焚的时候，偶然得知已是浙江大学教授的苏步青回家探亲，心里燃起了一丝希望。可是当他赶到苏步青住处门口的时候，门卫见他衣衫破旧，不让他进，直到他亮明苏步青老师的身份后，门卫才将信将疑地进去通报。不料苏步青一听白祉臣来访，立马放下手头的事情，迎到门口，把白祉臣接进里屋。得知来意后，他毫不犹豫地给当时国民党平阳县长张韶舞打了个电话，阐明了白祉臣家中的特殊情况，并以个人名义为老师担保延迟一年时间服役，因此暂时解除了白祉臣的烦恼。当白祉臣临别的时候，苏步青还拿出一些财物给他带回，以谢师恩。白祉臣为此感动了好长一段时间，逢人就赞扬，临终前还念念不忘。作为一名著名的科学家，在已是功成名就之时，仍然不忘启蒙老师对自己一点一滴的帮助，这份对恩师的感激之情足可看出苏步青心系家乡、怀念故土的情怀。

一九五〇年十二月，苏步青母亲林氏过世，他回乡帮助料理后事，住过几天。利用空暇时间，苏步青应邀到腾蛟小学探视师生，据人民日报原副总编辑周瑞金回忆，当时他和苏步青女儿苏素丽同窗，那是他第一次见到苏步青的风采，并聆听他的训示。听说当地人民要给他修缮故居，建造纪念馆，苏步青便对前来探望的县委领导说："我的侄儿、侄孙很多，旧房子给他们住算了。我一生为人民服务不够，有什么功劳？绝对不要搞故居、纪念馆。"

重回故里寿一卮

到了一九八七年，苏步青早已退居二线，荣任复旦大学名誉校长，不在第一线指导研究生。既以其高才博学投身到中学教育，同时利用有限的机遇，到各地走走，也不忘对青少年进行一番爱国主义教育。满船涛声，半窗月色，九月十三日凌晨三时，在上海开往温州的“繁新”轮船上，八十六岁高龄的苏步青一点睡意都没有，无穷的乡思使他援笔而歌：

申江北望思悠悠，身寄铁轮南下舟。
永夜涛声摇远梦，半窗月色报清秋。
良朋老伴今何在？锦瑟年华空自流。
为偿黉门几多债，遂忘懒拙向东瓯。

在他人生的秋天，苏步青回到了眷恋已久的故乡。十八日那天，先雨而后晴，像老天爷特地为还乡白发游子洗尘。一大早，县政府就派车前往温州安澜亭码头接苏步青。县电视台派记者李诚等人一起去，全程跟踪采访，录音摄像。时任平阳县委副书记的白植俊代表县委、县政府班子全程陪同。苏步青一踏上平阳的土地，就到自己的母校——平阳县小视察。

一九八七年九月十八日上午，这是一个令所有平阳县中心小学的师生永远难忘的日子。清晨的朝霞轻轻地洒在校园整洁的走廊上，晨露里的树木更显苍翠挺拔，小鸟在枝头欢快地啾鸣着，整个校园似乎已沉浸在喜气之中。第一节课的上课铃声响过之后，杨须友和黄宝珠两位校长即在校门口迎候苏步青的到来。不久，身着浅灰色中山装、精神矍铄的苏步青，由温州市市府副秘书长陈桂连、县委副书记白植俊、县人大常委会副主任林声足等领导陪同，迈着稳健的步伐来到了阔别七十五年的母校，抚摸着校园内一棵棵似曾相识的老柏树，手微微颤动着。苏步青首先参观了母校立鹤亭。该亭取意于《卧牛山谣》中的“不料鸡群能立鹤”。该诗长达三十六句，二百五十二字，仿用民谣体，概述了“卧牛山下农家子”苏步青一生的诗化经历，大俗大雅，声情并茂，令人叹为观止。看到自己题写给母校的《卧牛山谣》诗手迹被镌刻在石碑上，苏步青谦逊地说：“我的字还差着呢！”并称赞立鹤亭建得很不错，问杨须友：“花费不少吧？”杨须友说：“不到一万，都由县里专款拨给。”苏步青说立鹤亭名字起得蛮好，题字也写得非常漂亮。杨须友向他介绍此为已届九十高龄的书法家张鹏翼老校友所题，他连声说“难得，难得”。走到碑前，看着金光闪闪的《卧牛山谣碑》碑文，苏步青即兴吟咏了数句，说：“‘卧牛山谣碑’这几个字写得很有功底。”杨须友说，这是现任教育局局长吴招廉同志写的，写此碑名前他的书法作品刚得过国家级大奖，可惜今天他没有来。苏步青还夸雕刻师技术好，所显字形与原墨迹相差无几。杨须友说，为突出立鹤亭“鹤”的立意，聘请了万全宋桥的民间名画师张德景在亭顶内画了《百鹤图》。苏步青环视仰望后，也夸画得不错，说其画出了仙鹤的各种姿态，比较逼真，可谓栩栩如生。当老师们告诉苏步青，学校以小鹤的形象开展各种活动，鼓励学生学习小鹤冲天的精神，苏步青点头赞许。

参观立鹤亭后，苏步青一行人来到学校接待室稍事休息。还未落座，苏步青就用家乡话对杨须友说：“我的母校确实变得很像样了！”并数了数挂在墙上的锦旗、奖状问道，“最高的是哪一级先进？”杨须友说：“等级最高的奖励应该是一九八三年三月教育部授予的‘五讲四美’为人师表活动先进集体。”苏步青似是恍悟而有趣地说：“对对，一九八五年你到我家时曾对我讲起过这件事。不过话又要说回来，锦旗和奖状只能说明过去，今后还应更上一层楼啊！”杨须友当即表示：“您的话一定铭记在心，决不辜负您老的殷切期望。”接着，苏步青认真阅读了杨须友递过来的县小为《教育大辞典》提供的条目推荐稿，他看完后恳切地说：“时代进步了，学校跟着进步了，也有点小名气，可喜可贺啊！我还是那句老话，戒骄戒躁，继续努力，更上一层楼，把学校办得更好。这所学校有悠久的历史，我忘不了我的小学老师陈玉峰对我的教诲，他说我入学是父亲挑着大米抵缴学费的，应该好好读书，从此，我才开始艰苦学习。”黄宝珠紧接着对苏步青说：“全校师生都想着与您见面呢！”苏步青听后高兴地说：“我们是校友，我很喜欢和大家谈谈。”顿时，接待室里响起了热烈的掌声。

当大家得知苏步青回到阔别了七十六年的母校后，整个校园沸腾了：老师们奔走相告，小朋友们欢呼雀跃，争先恐后地奔向大操场，想尽早一睹苏步青的容颜。在县小的欢迎大会上，少先队员给苏步青献花、佩戴红领巾，并致欢迎词。随后苏步青在台上做了热情洋溢的演讲：“只有共产党，才有我的今天。只有共产党，才有你们的今天。”勉励同学们艰苦朴素不能忘，勤奋学习不能忘，做“四有”新人。他还讲了自己小时候读书从“背榜”到“头榜”的故事，希望小朋友们勤奋学习。“再过十三年（即2000年），国家的富强就要靠你们去建设呢！”殷殷赤子心，悠悠母校情。苏步青的讲话一次又一次地被热烈的掌声所打断。

最后，苏步青在立鹤亭前邀请母校全体老师一起合影留念。陈桂连、白植俊、林声足等人，都坐在苏步青的身边。

在苏步青的心目中，教师是极为神圣的。这次来平阳，他就佩着一枚写有“教书育人”四个篆字的菱形徽章，这是当年教师节发下来的。他对聚在身边与他合影的教师说：“你们是最辛苦的人，我代表人大教科文委

一九八七年九月十八日，苏步青回母校平阳县小看望师生合影（摄于立鹤亭）。三排右三苏步青、右四陈桂莲（县委书记）、右二白植俊（县委副书记）、右一林声足（县委常委、宣传部长）

员会向你们表示感谢！”

十八日下午，苏步青到平阳一中视察，看到校门口自己题写的校名，说是陈旭光老师专程赶到上海请他写的，还让他为平阳一中写了校训：尊师、重道、敬业、乐群。在视察过程中，他语重心长地和师生们谈心。他说，要注重一个人在青少年时期所受到的教育。人在这个时期精力旺盛，无论学习什么都容易记牢。人的一生时间有限，必须充分利用起来，不能“白了少年头，空悲切”。

十九日早上，天气很好，晴空万里。苏步青一行人从县城坐车出发，八点多就到腾蛟。当他来到带溪村老家时，脚步变得那么急切！走到屋后看那绿竹掩映下的老古井依然深邃，里面的水向外面摇着亮光，他深情地说：“我就是喝这口井水长大的。”到腾蛟途中，看到当地庙宇横耸、香雾缭绕的情景，苏步青语重心长地对随行的当地干部说：“老乡们发财

一九八七年九月，苏步青视察平阳中学。右起为陈桂莲、张世桐、白植俊、苏步青、林声足、王建敏

了，千万不要把钱花在拜菩萨、办丧事上，要鼓励、引导大家出钱办教育，那才是真正的菩萨呢。”回到上海后，他还对前往看望他的家乡政府部门的领导说：“当时我去平阳，一路看去全是新坟，有的还很考究。还有那么多事需要钱去办，人死了就什么都没有了，何必花钱去造那么考究的坟呢？”苏步青的平阳之行，留下的绝非只是炽烈的乡情，他的言行所表露的是一个老年知识分子强烈的社会责任感和为人师表的高尚品格，给了人们更为深长的思索。

当时苏步青为民盟中央副主席、复旦大学名誉校长，并任全国人大常委会委员、教科文卫委员会副主任，属二级保卫的高级干部，出行有不少硬性规定，行程是保密的。这回到县小，连县教育局都不知道。为了避免引起群众围观等情况的发生，随即匆匆离开苏步青故居。只有偶然碰到的近亲远戚，才有幸和他见见面、握握手；等众多亲友赶来，他早已离开。苏步青在《故乡之行》中自然真切地描述了这次故居行，读之令人动容：

舟车南下二千里，来饮家乡古井水。
白尽鬓丝不自量，尚期重作农家子。
近亲远戚齐围观，忽见青葱卧牛山。
当年牛背讴斜照，今朝钿毂涉清滩。
村中父老几人在？执手乡音犹未改。
问我离家几十年，此番为何不多呆。
我谢乡亲非不思，欲为人民尽余微。
待得神州四化日，重回故里寿一卮！

当腾蛟区公所端来一大碗连皮煮的毛芋招待他时，他边剥皮边吃，吃得津津有味。他认为腾蛟的毛芋最好吃，这种“乡味”他几十年没尝到了。苏步青还说梅鱼子煮咸菜真好吃，“配”饭没话讲；绿竹笋炒粉干也好，煮粉干汤也好，吃爽显。一句充满恋乡情结的闽南方言使陪同者大笑。

苏步青及陪同人员在南雁荡山的合影

十九日下午，苏步青重游南雁。当车子抵达碧溪渡口的五色棋子滩时，苏步青看见溪光潋滟，风光依旧，喜形于色，由县府办和县招待所两位女生搀扶着上、下渡船。而后又以步代车，一步步登上“矗立遏行云”的东南屏障，一步步登上雄峻高逸的云关。八十六岁的长者竟有如此的信心、决心和体力徒步爬山，实在令人惊喜。白植俊问他有何健康长寿秘诀，苏步青笑道：“我坚持每天在复旦大学的校园里走五圈，中餐和晚餐各饮两小盏白酒，这也许就是‘长寿经’吧！”

翻过云关，没有走进仙姑洞，继续踏着枫叶、竹叶的石径下山。穿过鸣玉亭，迈过照胆潭边的磴步，再爬上东洞，苏步青来到了始建于宋代的会文书院。这里论风景，别有洞天；论文化，令人高山仰止。传说朱熹也曾来过此地，苏步青讲起自己曾在此读过私塾。走到“雁山第一泉”水井旁，苏步青用小碗舀起泉水甜甜地品味着，用方言幽默地笑念道：“甜勿甜呀，家乡水；亲勿亲呀，家乡人。”苏步青还对白植俊讲，这里的孙衣言和宋平子对联真好，孙是曾国藩门生，宋是李鸿章赞誉的“海内奇才”。

苏步青也在《故乡之行》中记载了这次重游南雁，写得情景交融、引人入胜：

驱车向晚入南雁，迎客溪山秋有讯。
夕阳渡口一舟横，古木丛中千嶂见。
华表峰前夜梦君，如今无处可招魂。
明朝拾级攀登上，依旧孙联榜会文。
门前溪水响磴步，仙姑古洞拥云树。
迢迢游子净红尘，袅袅香烟馨白雾。
云关遥望将军岩，屏障东南千万年。
俗骨欲留无有缘，爱山亭畔独流连！

云关、东南屏障、将军岩、爱山亭等均系南雁荡山名胜。苏步青此次故乡行于温州华侨饭店的依依惜别而画上圆满句号。

同年九月二十二日，苏步青回到上海，并于当天在写给儿子苏德洋的信件中，描述了此次回故乡的大致情况：

一九八七年，与部分家人在一起（摄于温州）

德洋：

九月十八日来信已收阅。现将你需要的介绍信同封寄去，希收用。

爸爸应温州大学的邀请，于月之十二日前往参加温大十五日开学典礼，十八至十九日赴平阳县城、老家、水头，晚宿南雁旅社，游会文书院、仙姑洞、云关等名胜，归途经苍南县龙港（中国第一个农民城）、平阳县回到温州市。今天（22日）上午五时乘轮回沪。这次去老家离前次已有三十七年之久，故乡情况起了很大变化。

抵家匆，先此作复，余容续罄。

俊英、小瑛、小玮均此。

爸 爸

一九八七年九月二十二日

一九九一年九月，苏步青以温州大学名誉校长身份，出席该校新生开学典礼，并作重要讲话，教导学生热爱自己的祖国，学好科学文化知识，做社会主义事业接班人。随后，在子女苏尔馥、苏素丽陪同下，回到平阳带溪老家，邀请亲朋乡友，与马伯华共同庆贺九十双寿，在故居愉快地度过一周，坐坐睡过的眠床，看看宅后的水井，并与其子女相约，来年相伴再回老宅住几日。苏步青的爱乡、思乡之情始终未变。

不管一个人离家多远，取得多大的成就，故乡就是那根永远不会断掉的线，走到天涯海角，心念一动便可归去。家乡菜、故乡人、乡音乡情，都是苏步青永远的牵挂，心下最温暖的所在。

第七章

可惜相思写不尽

苏步青励志教育馆开馆

二〇一五年，苏步青励志教育馆开馆仪式现场。原平阳县文化广电新闻出版局党组副书记、副局长洪玉畅摄影

二〇〇三年三月十七日，被誉为“东方第一几何家”“数学之王”的苏步青以一百零一岁高龄在上海逝世。消息传来，平阳众多乡亲陷入了无限的追思之中。平阳县政府、平阳县教育局、平阳县文物馆、平阳县中心小学、平阳县水头镇第一小学等纷纷第一时间发去了唁电。苏步青热爱

自己的家乡，与家乡群众感情极深；家乡人民也非常敬重他，都以“苏步老”相称，从未有人直呼其名。

心情最沉重的首先是苏步青出生地腾蛟镇的乡亲。听说苏步青仙逝，除了县、镇政府派出代表赶赴上海参加吊唁活动外，镇里五十多位受过苏步青教诲与帮助的青壮年，还关了厂房停了机器，自发地赶往上海参加吊唁活动。更有带溪村七十多岁的苏月娥老太太，也欲赶去上海参加吊唁，但因患病行动不便，子女怎么也不让她走，月娥老人十分无奈地抹泪道：“多亏苏公公呀！那时他自己八九十岁，听说我关节痛，患高血压，他便几次买来上海中药厂生产的关节炎速效丸与珍菊降压片让家人给我寄来。他对乡亲们多好啊，我不参加追悼会真个不忍心啊！”此外，平阳县分别举办苏步青诞辰一百一十周年和一百一十四周年系列纪念活动，平阳中小学校的师生们召开了怀念苏步青的座谈会，南雁荡风景管理处的员工们特意举行别具一格的“苏步青诗词朗诵会”表达悼念之情。苏步青把毕生的才思留给了世界，而把浓浓的乡情留给了故乡。虽然他走了，但“瘦影”像一座永远的丰碑，久久刻在家乡人民的心中。

为深切缅怀和追思，进一步弘扬苏步青精神，推动文化强县建设，二〇一二年九月十九日，平阳县动工建设苏步青励志教育馆，历时三年多完工。二〇一五年十二月十八日，苏步青励志教育馆开馆仪式在苏步青故乡平阳县腾蛟镇隆重举行。时任全国政协常委、民盟中央副主席郑惠强，省政协常委、副秘书长徐向东，市委常委、宣传部长胡剑谨，省文化厅副厅长、省文物局局长陈瑶，市政协副主席潘长旺，市文广新局局长吴东，中科院院士李大潜、洪家兴、陈恕行，县领导马永良、孙瑞庆、项伟胜、雷文多、姚宗纯、蔡荣贤、林霄等出席开馆仪式。

开馆仪式上，还举行了中国民主同盟盟员传统教育基地和复旦大学、浙江大学、温州大学德育教育基地的授牌仪式。

郑惠强在开馆仪式上说，苏步青一生光明磊落，实事求是，严于律己，宽厚待人。他高尚的道德风范、无私的奉献精神和卓越的事业成就，是我们永远的楷模和榜样。苏步青励志教育馆的开馆，将进一步丰富民盟传统教育资源，成为民盟精神的传承教育基地。

李大潜在开馆仪式上说，苏老师生前一直满怀深情地眷恋着他故乡的土地和人民。从今以后，苏老师将重归故土、静静地安息在腾蛟大地的怀抱之中；苏步青励志教育馆的建成与开放，作为一座巍然屹立的丰碑，将时刻重现苏老师的凌云壮志、辉煌人生和不朽业绩，为后人树立光辉的典范、带来深远的启迪。

胡剑谨在开馆仪式上指出，苏步青是从温州平阳走出的一位名闻世界的数学家和受人敬仰的教育家。他勤于钻研、百折不挠的精神值得我们认真学习，他诲人不倦、甘于奉献的崇高品质值得我们大力弘扬。苏步青励志教育馆是精神丰碑、文化地标、教育地标，是纪念苏步青的实际行动，也是宣传和弘扬苏步青崇高品质的重要举措。平阳要发挥苏步青励志教育馆的教育、教化作用，引领广大群众自觉践行社会主义核心价值观，为温州经济发展注入强大的精神动力。

县委书记马永良在致辞时说，苏步青励志教育馆的竣工落成，是平阳几代人的心声和宿愿，也是平阳人民同苏步青深厚情感的见证和再现。下一步，苏步青励志教育馆将作为展示苏步青高尚精神品德和高超学术成就的标志，作为传承和弘扬苏步青精神的重要实践基地，永远激励广大青少年学生奋发学习。

参加仪式的还有复旦大学、浙江大学、温州大学校方领导，苏步青家属、学生和友人代表等。参加开馆仪式的领导、嘉宾，一同为苏步青励志教育馆揭幕。苏步青的家属、秘书和学生向苏步青励志教育馆捐赠了苏步青生前部分遗物。当天，还举行了县人民政府与复旦大学、浙江大学共建研究生实践基地签约仪式和苏步青精神与学术成就报告会。

一代宗师 国之栋梁

如果说苏步青故居呈现的是苏步青一生的淡泊名利、安贫乐道，那故居旁边的苏步青励志教育馆则能充分体现后人对他的敬仰之情。

该馆位于平阳县腾蛟镇东北部，西接苏步青故居，紧靠带溪，北邻卧牛山，投资六千七百万元，占地面积一万两千三百六十平方米，建筑面积四千六百一十四平方米，是平阳县倾情打造的一处青少年爱国主义教育基地，同时也是我国目前唯一以苏步青名字命名并冠以“励志教育”的名人专题馆。苏步青的一生，是不断励志的一生；他的成就，他对国家的贡献，是在不断地鞭策自己、激励自己的理想和抱负下实现的。他的嘉言懿行足以垂范后世，这就是取名励志馆的意义。

在建筑空间布局上，旨在体现苏步青朴实的艰苦作风、严谨的治学态度和高超的学术成就，运用一些基本的几何形体如矩形、三角形、弧形等进行穿插和变形的手法，表达建筑与数学的基本联系，体现素雅、稳重、坚实的建筑风格。以圆锥形筒体为核心沿周边布置庭院与展览空间，建筑内部主要由展陈厅、公共大厅、报告厅、技术用房及办公用房组成，集文物展示、文物收藏、文物研究、励志教育、科普宣传、学术交流于一体。

馆展区共分六个部分，除图片、文字资料以及人机互动触摸屏外，还

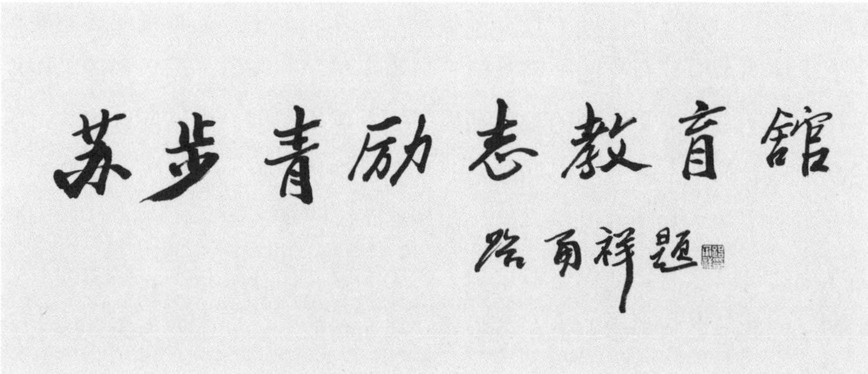

二〇一三年，全国人大常委会副委员长路甬祥为苏步青励志教育馆题写馆名

实物再现了苏步青在复旦大学故居卧室、客厅、书房。另外，还陈列展出了苏步青生前使用过的理发剪、放大镜、收音机、手杖、衣服以及大量手稿、书信、著作等珍贵的实物原件。

跨入苏步青励志教育馆，仰望头顶，可以看到白色玻璃幕墙上镶嵌着由各种数学符号组成的艺术字，在阳光的照射下，行走其间犹如进入一个数学王国。穿过序厅，就进入馆内基本陈列的第一部分“少年心事当拏云”。这一部分首先展示的是一幅由一百零一根铁片组成的抽象浮雕，象征着苏步青活到一百零一岁。浮雕展示了一九八三年四月日本数学会广岛年会期间，苏步青作了题为“微分几何学在中国的成长和发展”的演讲场景，设计新颖，观众经常驻足留影纪念。浮雕下方大理石上有原浙江省文物局局长鲍贤伦题词“一代宗师国之栋梁”。一九〇二年，苏步青出生于浙江省平阳县腾蛟镇带溪村。苏步青排行第十三，取名“步青”，意为平步青云、光宗耀祖。儿时的苏步青一边帮家里干农活、放牛，一边学习，读了不少中国古典书籍。父亲为了挖掘苏步青的潜力，在上了两年农村私塾后富有远见地把他送到了平阳县城的第一高等小学，县城的诱惑、同学的嘲弄、老师的误会导致他连续两个学期的成绩都倒数第一，被同学们嘲笑为“背榜”。为了让苏步青学好功课，一九一三年，父亲将他送到离家十五里地的水头镇新办的平阳县第三高等小学。一开始，苏步青依旧调皮不用功，还由于国文老师的偏见和质疑，自尊心受创，成绩依然落后。后受到地理老师陈玉峰的关心和激励，从此成绩扶摇直上，成为“头榜”。一九一五年秋，苏步青以第一名的成绩考入浙江省立第十中学，这是当时浙东南的最高学府。他曾憧憬成为一名史学家，但在陈叔平、杨霁朝、洪岷初三位数学老师的影响下，苏步青“从文转数”，立志要为振兴国家学好数学。

一九一九年九月，苏步青挥别故土，登上了从上海开往日本的轮船，开启留学之路。在日本，他连续以第一名的成绩考取东京高等工业学校电机系、东北帝国大学数学系，又于一九二七年获得直升研究生的资格。攻读博士学位期间，以“仿射空间曲面论”为题，在《日本数学辑报》连续发表了十二篇论文。一九二八年发现四次（三阶）代数锥面，被称为“苏锥面”。一九三一年年初，已有四十一篇仿射微分几何等方面的论文发表在日本、美国、意大利的数学刊物上，一些研究成果在国际数学界得到介绍和引用，被称为“东方国度上升起的灿烂的数学明星”。一九三一年三月，苏步青在东北帝国大学获得了理学博士学位，成为史上第三位取得该校理学博士学位的中国留学生和史上第二位取得该校数学博士学位的中国留学生。苏步青获得博士学位后毅然回归祖国，决心在浙江大学建立一流的数学系。当时的浙江大学工作条件艰苦，但苏步青与陈建功严格教学、严谨治学，全身心投入以培养人才。他与陈建功分别主持微分几何、函数论两个讨论班，为国内首创。后来，苏步青晋升教授，并任数学系主任，教学、科研任务相当繁重。为了弥补系里图书资料的匮乏，苏步青还到日本手抄了四十多篇论文资料，有二十多万字。当时，“要学数学就要去浙大”的说法十分盛行。一九三七年九月，浙大师生在竺可桢校长的领导下开始西迁，历时两年多，途经六省，最终驻扎贵州湄潭。沿途流离颠沛，困苦万状，但战火纷飞之中，苏步青与学生们还利用敌机轰炸的空隙，在庙宇和山洞内上课。一九四〇年九月，浙大理学院迁入湄潭县，苏步青以油灯照明、红薯充饥，坚持教学、科研。数学系在苏步青、陈建功等教授的带领下，培养了一批优秀人才，取得了高水平研究成果，在国际上形成著名的“浙大学派”，取得了众多举世瞩目的成果，曾被英国著名科学家李约瑟赞誉为“东方的剑桥”。该展厅中陈列了苏步青在湄潭时期使用过的桐油灯、苏步青归侨证、苏锥面模型以及苏步青在东北大学就学场景模拟等。

参观完第一部分上盘旋楼梯到达二楼圆形中厅，即进入馆内基本陈列第二部分“东方第一几何学家”。展厅正中间为苏步青全身坐像，高一米八，基座高二米三，气势甚是宏伟。展厅四周墙壁环绕着浮雕，这些浮雕以“公式、数学符号”为代表，摘自苏步青的手写稿。苏步青是一位成就卓著、享誉海内外的著名数学家，更是中国现代数学的一位主要奠基者。二十世纪三十年代学成归国后，创建了“中国射影微分几何学派”，在微分几何领域中，苏步青做了大量杰出的研究工作，在各个时期中处于国际的先进行列，被德国数学家W.Blaschke赞誉为“东方第一几何学家”。甚至于古稀之年，在艰难的环境中创建了计算几何的新研究方向。苏步青一生献身数学、笔耕不辍、硕果累累，共发表了一百六十八篇学术论文，专著十一本，其中三本被译成外文；教材十一本，其中一本被译成外文；译著七本；励志书六本。苏步青在浙江大学任教的二十一年间，数学系培养了一百多位毕业生，其中新中国成立以后在各大专院校数学系当主任（包括副主任）、研究单位主要负责人的就有二三十人之多。自二十世纪八十年代初我国恢复博士培养制度以后，苏步青一共为我国培养的博士达十五位，其中基础数学专业微分几何方向六名，应用数学计算几何方向九名，他们已在各自的岗位上成为教学和科研的骨干，并取得不少优异的成绩。苏步青培养的学生中，出了八名院士，他成为中国教育界的一面旗帜。“桃李满门”版面设置于苏步青主雕塑的正对面，八位杰出学生代表利用人物写真和触摸屏组合的形式进行放大展陈，展墙上半部分为陈省身对苏步青的评价。二〇〇三年七月，国际工业与应用数学联合会（ICIAM）决定设立ICIAM苏步青奖。这是首次以中国数学家名字命名的国际数学大奖，是国际数学界对苏步青的成就、为人、贡献与地位的高度认可。

除学术研究外，苏步青做过大量的组织和交流工作：历任中国数学会副理事长及名誉理事长，上海数学会理事长、名誉理事长，上海市工业与应用数学学会与全国工业与应用数学学会顾问……担任《数学年刊》主编十九年，使之成为在数学界有较大影响的一份国际性数学杂志……参与国际学术交流活动，访问欧洲、日本等地……他为我国数学事业忙碌奔波，推动了中国数学事业的发展。作为苏步青主要事迹展陈部分，该展厅中还陈列了苏步青荣获各项国家荣誉证书、荣誉章、奖状等实物。

参观完第二部分，穿过走廊，便到了三号展厅，该展厅包括第三、四、五部分。第三部分“毕生事业——教鞭”展示苏步青教学生涯。苏步青是我国著名的教育家。他从教七十载、辛勤耕耘，为我国的教育事业奉献毕生。在日本为数学教师进修班上高等代数课（1927—1931），在浙江大学数学系任教（1931—1952），以及调到复旦大学以后的教学（1952年后），这构成了苏步青的教学生涯的三阶段。他敢为人先、方法独到。他不仅注重培养学生独立思考和创造能力，而且鼓励学生超越自己，并通过“讨论班”“数训班”“拔一个带一批”“鸡孵鸭”等方式方法选拔、培养了许多杰出数学人才，被称为“苏步青效应”。二十世纪七十年代，我国许多高校和中国科学院，与有关工厂合作，开始了CAD的研究。当时有十多所大学的数学系与十多家船厂合作“船体数学放样”。为了尽快解决“光顺”问题，苏步青亲自到学校数学系的资料室翻阅国外的有关资料，发现并翻译了四篇相关的重要论文，以复旦大学数学系和江南造船厂船体车间的名义编印出《样条拟合译文选》，为“船艏线型光顺”和“船舯部线型光顺”的自动化奠定了基础。与此同时，他发表了一系列论文，为计算几何和CAD事业在我国的发展做出贡献。一九八三年退居二线之后，苏步青倾力于基础教育战线，比如举办中学教师讲习班，资助基金会、奖学金等方式，以提高中小学教师水平；参与指导中学数学教材编写，以提高教学质量；参与各类科普教育工作与活动，以促进青少年学习科学知识等，为祖国的教育事业倾尽余力。该展厅中陈列了苏步青在任复旦大学校长期间使用过的热水瓶、电话机、纸篓以及教师证等实物。

第四部分为“留得丹心报暖晖”。苏步青是著名的社会活动家。一九五九年三月，加入中国共产党，以“此身到老属于党”的诗句，表达了愿将后半生交给党安排的决心。同时也是民盟领导人，先后担任民盟第四、五届中央副主席，名誉主席，始终支持民盟的工作和发展，积极议政建言，为经济发展、社会进步和国家统战工作贡献力量。作为全国政协副主席、全国人大代表、全国人大常委会委员，他关注教育经费、教育工作者待遇、国家科技工作、四化建设，多次撰写提案，并受到党和国家领导人的接见。他关心祖国的统一大业，晚年躺在病榻上还亲笔写下“反对‘台独’，坚持‘一个中国’原则，完成祖国统一大业”的字幅挂在病床前，表明反对“台独”、期盼祖国早日统一的心愿。苏步青热心国家文化事业，积极为中外文化交流牵线搭桥。一九八六年，八十五岁高龄的苏步青担任上海对外文化交流协会会长，肩负起开创上海国际文化交流全新领域的重任。他组织海内外交流活动，包括邀请国外文艺团体来沪演出，主办国际研讨会，举办展览等。他所提出的“发挥跨领域、跨部门的优势，做大上海的对外交流”的“大文化”观点一直指导着对外文协工作的开展。三次赴日进行学术交流、接受创价大学名誉博士学位等行动，促进了中日文化交流。一九九三年六月三日，日本天皇通过日本政府授予苏步青二等瑞宝勋章。此外，他曾担任过中国对外友好协会上海分会副会长、会长与名誉会长、上海市欧美同学会会长，积极发挥中外文化交流的使者作用。该展厅陈列了苏步青不同时期手稿、党和国家领导人亲笔信等实物。

第五部分为“文章道德仰高风”。苏步青虽为数学家，却钟情于中国古典诗词，十三岁便开始学作诗，曾任西湖诗社名誉社长，浙江省诗词学会顾问。抗日战争期间，他参与创办“湄江诗社”。几十年来，他与诗为伴，与诗书同行，每次出差，提包里总有一两本诗集。在他九十六岁高龄时，北京群言出版社出版了《苏步青业余诗词钞》，共收近体诗四百四十四首，词六十首，由苏步青手写影印，其中一九三一至一九四九年早期作品一百九十一首，内有词四十七首。以诗寄情、以诗会友、以诗言志，诗词里有着苏步青的文人风雅和铮铮傲骨。在生活中，对家庭、朋友用心经营、真心对待。苏步青与哥哥苏步皋从小一起长大，哥哥比他早两年到日本留学，并在他留学日本期间给予许多鼓励和帮助。回国后兄弟俩一直互相扶持。苏步青在浙江大学工作期间，便曾靠大哥接济；因苏步皋无子嗣，苏步青将儿子苏尔滋过继给苏步皋，更名为苏德润。苏步青对子女既严格要求，又关怀体贴。苏步青家庭的子女、孙辈中，有很多都是从事教育科研事业的，可谓“教育世家”，这与苏步青的教导与关爱是分不开的。茅诚司、陈建功、竺可桢是苏步青的莫逆之交，苏步青与他们意气相投，感情尤为深厚。他们或在事业上互相帮助、共同奋斗，或因对彼此的欣赏与尊重使他们在生活中也互相砥砺、扶持。在挚友们先后离开人世后，苏步青难以抑制自己的悲伤，写下一篇篇动人的挽歌。苏步青是百岁老人，是数学界著名的高寿之人。八十岁时，他还能走路轻快，上五六层楼不气喘；一九八六年以前，他从未住过一天医院。他的养生之道就是坚持锻炼、注意饮食、劳逸结合、乐观豁达。苏步青是国内外享有盛誉的数学家，又兼任重要的社会职务，对文章、写作一向认真负责，认为一句话、一个词使用不当，都可能带来不良影响。因此，他接受采访十分谨慎、负责，甚至在日常的书信交流中也力求表达精益求精，发现别人有错误，就会指出，别人对他出现错误时的指正，他也虚心接受，体现出一位科学家的科学精神。该单元陈列了苏步青与友人往来的诗词、健康老人奖杯等实物。

参观完三号展厅，毗邻着的便是四号展厅，即第六部分“功成不忘家乡情”。温州市平阳县素有“东南小邹鲁”之称，历史悠久、文化底蕴深厚、历代名人辈出。苏步青虽离乡多年，但依旧乡音浓厚、怀恋家乡，与亲友和家乡人民交往真挚。他饮水思源，用勤奋刻苦、勇攀高峰的经历激励着家乡的莘莘学子，用七十余载从教经验指引着家乡的教师，鼓励支持着家乡文化教育事业的发展。曾协助创办“平阳南雁战时初中生补习学校”，救济贫困、失学子弟；也为许多学校题写校名、校训，寄语师生，激励学生奋发图强。家乡的学校纷纷以苏步青教育思想为指导，开展了诸多主题活动。苏步青除了关心支持家乡文教事业外，也时刻关注和支持家乡的经济社会发展。二十世纪八九十年代，温州经济开发区启动建设，他万分高兴，题写祝词；平阳县人民政府在上海召开经济恳谈会，他不顾政务和教育工作的繁忙，亲临会场作重要讲话。苏步青情系家乡的经济社会发展，为其费尽心力的事例真是不胜枚举。该展厅陈列了苏步青各类题词、书法作品等实物。

参观完四号展厅，往左手边楼梯而下，到一楼缅怀厅。二〇〇三年三月十七日十六时四十五分，苏步青在上海逝世，享年一百零一岁。“风范与卓识齐仰，贤德共高寿俱望”是苏步青人生的真实写照。该展厅由浮雕墙、胸像、社会各界对苏步青的评价、苏步青与中共领导人等内容组成。胸像为真人尺寸铸铜像，底座高一米二至一米四，宽六十厘米。石台阶宽六米，底层均由架空干挂石组成。基座尺寸面积为三米乘六米，内由鹅卵石点缀及黄蜡石铺就与背景浮雕相呼应。

文化之花代代香

苏步青励志教育馆陈列布展还设有临时展厅，以展板和图片形式向观众展览苏步青数学教育奖、苏步青应用数学奖、ICIAM苏步青奖三大奖简介，获奖人、团体事迹以及获奖照片。

二〇一六年五月，复旦大学数学科学学院“苏步青数学教育奖”理事

二〇一六年，第十一届“苏步青数学教育奖”颁奖仪式在平阳县苏步青励志教育馆举行

会秘书长陆立强、俞斌教授一行考察该馆，确定第十一届“苏步青数学教育奖”颁奖活动在该馆举行。

同年十一月二十六日，第十一届苏步青数学教育奖在平阳县苏步青励志教育馆举行颁奖仪式。来自全国二十一个省、市、自治区的二十五名中学数学教师和教研员齐聚苏步青故乡，领取代表我国中学数学教育最高荣誉的奖项。本届“苏奖”共产生五个一等奖、二十个二等奖。县委常委、宣传部长雷文多，副县长卢成杭，苏步青数学教育奖名誉理事长项武义，苏步青之子苏德明等出席颁奖仪式，并为获奖人员颁发荣誉证书，还就中学数学教育发展与专家学者们展开讨论。

“其实数学不难，学生之所以认为难，他认为是因为教得不够好。事实上，数学也的确不容易教，中学数学是基础培养，是对学生思考分析能力的培养。”十一月二十六日，来自美国加州大学伯克利分校的项武义教授如是说。

一九九一年，加州大学伯克利分校项武义教授和夫人谢婉贞博士捐资并和复旦大学谷超豪、胡和生院士共同倡议设立“苏步青数学教育奖”（简称“苏奖”）。苏步青生前就一直致力于数学教育事业，对这个以他的名字命名的奖项欣然接受。该奖代表了我国中学数学教育最高荣誉。目前国内数学界有华罗庚数学奖、陈省身数学奖等，但它们奖励的都是数学研究，“苏奖”奖励的则是中学数学教育工作者。

这不是“苏奖”颁奖地第一次选在苏步青故乡，早在二〇〇二年苏步青一百周年诞辰时，就曾在温州中学举办。

温州是一个出数学家的地方，先后涌现了姜立夫、苏步青、徐贤修、李锐夫、谷超豪、李秉彝、项武忠、项武义、姜伯驹、李邦河等众多国内外著名数学家，在中国现代数学史上产生了重大影响。项武义教授认为，这离不开温州良好的中学数学教育。

第一次走进苏步青故里、第一次走进苏步青励志教育馆……这让此次参加颁奖会的全国各地优秀中学教师感触颇深。“一九九八年，受苏步青‘多遍读书法’的启发，我开始三步阅读自学辅导的教学实践，课堂教学中引导学生阅读，效果较好，此次能来苏步青的家乡领奖，对我意义特殊。”此届“苏奖”一等奖获得者、浙江省东阳市第二高级中学吴国建说。

在参观苏步青励志教育馆时，来自内蒙古锡林浩特市蒙古中学的额·葛日勒图一直用手机拍摄所看到的，他也是此届“苏奖”的获得者。“中学数学不是真的学起来难，而是学生的学习方法要改进，我们教师要做的就是让他们喜欢学、乐意学。”他认为改良教学方式才是突破中学数学教育难点的关键。

寻访步青故里　追忆数学之旅

——复旦大学数学科学学院研究生实践组来平阳活动侧记

二〇一五年八月，在温经商的同学来电，知我负责筹建苏步青励志教育馆，时值复旦大学建校一百一十周年，恳请为其朋友之子开展的二〇一五年复旦大学数学科学学院研究生团学联暑期社会实践“寻访步青故里，追忆数学之旅”提供帮助。我国高等学府莘莘学子来平瞻仰、学习步青精神，欢迎之至，况且又是昔日同窗相请，岂能推辞？

八月二十日，复旦学子一行三人如约来到苏步青故里。翌日，考虑腾蛟地处偏远，我特意开车前往他们下榻的宾馆，接上他们一起奔赴数学宗师苏步青出生地。一路上，应他们的要求，我向他们讲解起省级历史文化名镇、全国象棋之乡——腾蛟镇丰富人文内涵。这里是南宋著名爱国诗人林景熙、全国政协副主席苏步青、百岁棋王谢侠逊的故里，有苏步青故居、忠训庙、凤山遗址三处省级文保单位以及十一处县保单位，各级非遗名录项。穿镇而过的带溪是浙江省八大水系之一鳌江的支流，境内的赤岩山景区是南雁荡山国家5A级风景名胜区五大景区之一，东晋时期永嘉太守、山水诗鼻祖谢灵运曾慕名游览此山，并留有诗篇。一路上，我们还聊了平阳的发展，平阳的文物保护以及平阳的各个方面。一小时的行程就在这愉快的氛围中度过了。

二〇一五年，作者（右二）与复旦大学实践组成员在苏步青故居前合影

我们首先来到腾蛟文化中心，由于二〇一二年奠基开工的苏步青励志教育馆正在如火如荼建设中，这里便成为临时的办公地点。接着，我带领他们参观了苏老故居。故居位于卧牛山下，由正厅、台门、水井组成，是浙南乡村建筑的典型代表，具有明显的地方建筑特征，一门一户，建筑构造简单、朴实。二十世纪四十年代，改造后的房屋面阔七开间，将园林气息融入典型农家平房，建筑整体突显大气，青山环抱，翠竹相映，庭院越发优雅，小院弥漫着淡淡的文化气息，远远望去颇有“养在深闺人未识”的味道。

经过翻修以后，故居辟为苏步青陈列馆。一进馆，便看到苏老遗像笑容满面、风度翩翩，以主人的姿态欢迎着来访的客人。从馆内陈列着的实物、图片和简洁的文字说明中，可以寻觅到他的人生足迹和家族成员情况。一位女生激动地说：“在这里见到了许多无法从网络或书籍中获取的内容，特别是一些苏先生亲笔的题字和一些励志的话，还看到很多教师、复旦的照片，着实受益匪浅。”

从厢房的侧门走出，绕到后院，我即带他们到宅后看一口古井，并告诉他们："苏老经常说自己少时就是喝这口井水长大的，一九八七年他回到故居时，特地看看这口井，还对旁人开玩笑说'这是聪明水'！特别神奇的是，据说这口井已经许久没用，但一直有水。可当苏老过世之后，这口井便枯了。现在这口井里的水，也是平阳县政府后来将井打深了之后才出来的。"实践组的同学们听了很感兴趣，像是找到了苏老成才的源泉，也想喝一口这井水，可惜井深，一时没有东西舀，于是就站在井旁一起合影，算是沾沾苏老才气。

随后，我们来到了故居旁，还在建的苏步青励志教育馆，为安全考虑，我们戴上安全帽和一次性口罩。走进馆内，映入眼帘的就是一副特殊工艺的苏先生画像，他们都觉得十分震撼。

整个馆内规划为六个展区，包含苏老的成长事迹和重大事件，许多资料、照片都是难以搜寻或不曾公开的。由于馆内正值装修，很多展板的牛皮纸都还没撕下，空气中弥漫着油漆味和大量的粉尘，着实有点呛鼻。但是可以集中看到这么多的未曾发现的资料，着实让实践队员感到十分兴奋。

在苏老与复旦板块，我不禁翻开之前实践组递来的工作报告，与展陈内容一一对应起来，以核对双方资料的真伪性。并趁机说到，我也曾有幸于二〇一二年赴复旦大学参与苏老遗物征集工作，这是平生第一次也是唯一一次踏入我国著名高等学府复旦大学，皆因苏老才得以实现这一夙愿。而今，舍小家顾大家，每日往返八十多公里，作为专业技术人员来此参与苏步青励志教育馆建设、布展工作，或许有些许还愿心理吧。

吃过午饭，稍事休息后，实践组便对原平阳县文化广电新闻出版局党组副书记、副局长洪玉畅进行专访。他说："苏步青是励志的，精神很难得。第一个就是爱国，跟现在有些人比，那真是楷模。而且回国时是没有犹豫的，他就是一个目标，要回家，要为中国数学的发展做出贡献。第二个就是解放前，无论如何不跟国民党去台湾。想想当时国民党给过的日子肯定会比留下来好。而且他是民主党派，但是他始终认定要加入中国共产党，把入党作为自己的最高追求。第三就是虽然苏步青身在异乡，但心系故土，时刻关心着家乡发展，时时不忘报效家乡，一生助力家乡各项事业发展的事例，举不胜举。”

一席座谈，似乎是一堂生动的教育课，复旦学子们被深深地吸引着。

“寻访步青故里，追忆数学之旅”活动，一共进行了两天，前后他们还到过与苏步青渊源颇深的县小和苏步青学校。在这里，他们寻找着苏先生有趣的少年生活和求学足迹，让他们读懂了只要教育得当，再“笨”的人也是可以成才的。要成长就要经受许多挫折和磨炼，更理解了苏先生常说的“吃苦是一笔财富”的真谛。同时领悟了苏先生对家乡的那份情和爱，还把自己名字唯一的学校冠名权给了平阳家乡！

实践组成员纷纷表示，要把这次实践活动的精神收获带回复旦校园，让复旦大学同学们代代相传，引领着苏先生家乡中小学生们，共同走近数学泰斗苏步青。

晴翠远芳无断时

苏步青励志教育馆（以下简称“苏馆”）系省级爱国主义教育、德育教育基地，是学校的第二课堂，为民众自我学习、文化休闲的场所。随着馆藏文物资料的逐渐丰富和宣传力度不断增强，其社会教育功能日益凸显。近年来，该馆围绕扩大自身影响，创新活动载体，从提高展陈水平、馆校联姻、创新主题活动、加强宣传等工作入手，充分发挥博物馆的社会教育功能，传承步青精神，让全国人民都知道“中国有个平阳，平阳出了个苏步青”。

该馆的展览文本由复旦大学文物与博物馆学系陆建松教授带领团队依据苏步青生平事迹的文物、图像、照片资料等，结合传播目的、主题、内容结构、展品组合策划而成。并由浙江省装饰有限公司进行展览形式创意构思和设计，包括展厅空间规划、观众参观路线安排、展厅氛围营造、展示道具设计、辅助展品设计、灯光设计、多媒体规划、观众体验参与互动装置规划等。为进一步打造优质展览工程，经过半年多对外开放后，收集复旦、浙大有关专家以及平阳县各界人士、各机关单位对展陈方案修改意见，邀请苏步青子女参加展陈文本整改座谈会并给了具体指导，纠正了有关苏步青史料中的错误。平阳县、腾蛟镇政府有关领导数次亲赴上海复旦大学对接征集苏步青有关文物资料，最终打开苏步青复旦大学旧居。由于苏步青离世已十余年，旧居长期封存，内部大量遗物、手稿资料等须登记整理。考虑到遗物资料的安全，苏步青儿子苏德明教授亲自牵头，与苏德洋、苏德成共同组成整理小组，他们不顾年老体迈、旧居霉气潮湿、夏天蚊子叮咬，前后历时近一年时间，完成了整理和登记分类工作。除了部分手稿捐给复旦大学外，其他遗物和书籍资料先后分四批共两千四百三十六件捐给了苏步青励志教育馆，为该馆的顺利开馆奠定了基础。馆方人员对所有馆藏文物资料进行反复研究、推敲、调整，精心组织陈列布展。二〇一六年六月七日，平阳县苏步青励志教育馆——苏步青生平业绩陈列，荣获第十届（2015年度）全省博物馆陈列展览优秀奖。同年六月十二日，温州市委宣传部部长胡剑谨在第二十二期《温州宣传》上批示：苏步青励志教育馆无论是内容展陈还是脉络梳理上都有很高水准，值得各地各类博物馆陈列学习借鉴。同年十一月二十六日，苏德明亲临该馆并题词：喜见苏馆将苏老精神和我国中学数学教育成功体现，希望这项创新在今后发展中进一步发扬发挥更为广阔强大的生命力。

“馆校联动，打造一流的名人专题馆”一直是该馆所追求的目标，并为之付出了诸多努力。加强与学校的联系，从了解学生课程安排入手，依托馆内教育资源，有针对性地开展教育活动。结合国际博物馆日、文化和自然遗产日等特殊节庆日举办特色系列活动和各类公益讲座，开展青少年综合素质提升夏令营、苏步青诗词朗诵、讲好苏步青爷爷的故事、《弘扬步青精神，传承历史文脉》征文、浙江省未成年人生态教育图片展等形式多样的活动。同时由县委宣传部牵头，与平阳县教育局对接，积极打造平阳县中小学生德育教育基地，形成常态化的师生政教活动及纳入新生入学的必修课。该馆成为温州市“研学旅行”的热点之一，吸引了复旦大学、浙江大学、温州大学、文成振中学校等学生团队前来研学实践。二〇一九年，与浙江大学数学科学学院共建学生党建思政与数学人才培养教育基地，建立馆校联合培养人才机制，为共同打造浙大德育教育基地、浙大研究生实践基地合作的延续与深化。该馆每年平均接待观众达十五万人次，取得良好的社会效益，带动了腾蛟镇及周边地区的文旅发展。

扩大宣传面，同样是传承步青精神的重要途径。充分利用国家、省、市、县权威媒体、自媒体等各种宣传平台，开展平阳小记者、央视小记者采风等活动，与中央电视台联合拍摄了《一代数学宗师苏步青》纪录片。纪录片采取时空交错的手法，对苏步青的一生进行了回溯，并在央视十套《人物》栏目播出。出版《卧牛山下农家子》《温州历代名人故事（二）》等文化系列丛书。同时打造平阳文创首家展馆——苏步青文创馆，以苏步青生平事迹和所做出的成就为线索，运用几何图形、数学公式等元素进行发散性思维设计，开发出三十多款苏步青文化衍生品，包括学习用品、休闲用品等。此外，精心制作宣传折页、打造微信公众号、打造智慧旅游项目，通过多方举措，扩大该馆的知名度和美誉度。

二〇一八年，开展苏步青励志教育馆三周年馆庆系列活动，邀请苏步青儿子苏德昌作“父亲的故事”讲座，建设苏步青励志教育馆云平台。分“场馆介绍”“VR导览”“馆藏文物”“信息发布”“社会反馈”“精彩回顾”六大模块，以图文、影音、三维展示等不同浏览形式展现，同时全方位、多角度为参观者提供展览资讯、藏品研究、专题讲座等服务内容，全面展现场馆特色，使其“动起来”“活起来”，不仅能满足群众在家参观博物馆的需求，又能吸引群众实地参观的欲望，同时助推国家公共文化服务体系示范区建设。

二〇一九年五月二十七日上午，由中国文学艺术界联合会、中央广播电视总台、中国艺术研究院、中央新闻纪录电影制片厂（集团）百年艺尊文化传播等单位联合摄制的百集大型系列人物传记纪录片《百年巨匠——苏步青》开机仪式在该馆举行。历时两年，摄制组行程万里，追寻苏步青的足迹。二〇二一年五月，该纪录片陆续登录北京、浙江、山东等各大省级卫视，以及“学习强国”学习平台、爱奇艺等网络平台，台网联动，展示苏步青不平凡的一生。

二〇一九年五月，《百年巨匠——苏步青》开机仪式在平阳县苏步青励志教育馆举行。平阳县融媒体中心陈培勇提供

该馆相继被评为“浙江省科普教育基地”“浙江省社科普及基地”“浙江省多党合作传统教育基地”“浙江省华侨国际文化交流基地”“全省知识分子开展‘弘扬爱国奋斗精神、建功立业新时代’活动的重要平台”“温州市民终身学习体验基地”“温州市中小学研学实践教育基地”“温州市红领巾实践基地”“温州市未成年人思想道德建设优秀阵地”等。游客参观络绎不绝，社会名流纷至沓来。许多领导和专家学者在参观之后多有感慨，在该馆留下了他们对苏步青精神的赞扬和对未来发展的勉励。

伟大的数学家苏步青不仅为后人留下了一笔巨大的财富和光辉的思想，也为他曾经生活的腾蛟镇留下了一段光辉的历史和深厚的印记。为了纪念苏步青，平阳县斥资修缮苏步青故居，着力把苏步青故居和苏步青励志教育馆打造成为重要旅游景点和文化地标，全力打造苏步青故里文化旅游区。该旅游区规划总用地面积约一点五平方公里，位居腾蛟镇“带溪水畔、卧牛山麓”，旅游资源自然与古韵并存，史迹与名人同辉，有苏步青故居、棋王碑林、霁山园等历史名人遗迹，以及极具浙南乡土文化气息的亭子古街历史风貌区。自然山水风光秀丽，美丽带溪水、秀丽卧牛山都赋予了文化旅游区的生态自然气息，凸显古屋、古桥、古树以及古村文化的浙南乡土文化气息。以苏步青励志教育馆、数学文化园为平台，以数学为主题进行功能布局与布展，体验数学乐趣，打造全国独特的数学乐园。构筑形成集“人文历史、自然风光、民俗风情、数学主题”于一体的旅游格局，是科普教育、名人文化宣传和青少年励志教育的重要场所，二〇一七年荣获全省放心景区称号，平阳人民以实际行动来传承和弘扬苏步青精神。

附录

苏步青简谱

一九〇二年十月二十四日戌时，出生于温州市平阳县腾蛟镇带溪乡一个农民家庭。

一九〇九年至一九一一年，在腾蛟私塾就读两年。

一九一一年三月，平阳县立小学当三年级插班生。

一九一二年，转学至平阳县第三高等小学就读。

一九一五年八月，考取浙江省立第十中学（今温州中学）。

一九一九年七月，中学毕业时，获当时已调任的校长洪岷初资助，赴日本留学，入东京东亚日语预备学校学习。

一九二〇年二月，以第一名成绩考入日本东京高等工业学校电机系学习。

一九二三年九月，日本关东地区大地震，课本、笔记及衣物化为灰烬，他本人也大病一场，毕业考试成绩仅获“及格”。校务委员会根据他平时的成绩，经过全体会议认真讨论，发给特别手书的毕业证书，以优异成绩毕业。

一九二四年三月，以第一名的成绩考入日本东北帝国大学理学院数学系（在仙台市）。

一九二七年三月，毕业于日本东北帝国大学，获得直升资格，进入该校研究院攻读博士学位。

一九二八年初，在一般曲面研究中发现了四次（三阶）代数锥面，论文发表后，在日本和国际数学界产生很大反响，人称“苏锥面”；五月八日，与松本米子结婚。

一九三一年三月，获日本东北帝国大学理学博士学位，完成并发表一系列有关仿射微分几何的论文，引起国际同行的注目；学成回国，任浙江大学副教授，和陈建功开创数学讨论班。

一九三三年四月，晋升为浙江大学教授，任浙江大学数学系主任。

一九三五年七月，参与发起成立中国数学会，被选为理事和《中国数学会学报》主编。

一九三六年七月，在福州举行的福建省中学教师培训班上，为卢嘉锡等三百余名教师讲了五个星期的数学课。

一九三七年，随浙大西迁，坚持射影微分几何的研究，取得一系列的重要成果，以苏步青为首的浙江大学微分几何学派开始形成。

一九三八年，送家属回家乡平阳，本人随同浙大师生西迁。

一九三九年九月，抗日战争初期，与浙江大学师生迁往建德，经江西到广西等地。

一九四〇年五月，平阳的家属接至遵义，收到教育部颁发的部聘教授证书。

一九四一年，任中央研究院研究员、院士兼学术委员会常委，《中国数学会学报》总主编。

一九四二年，英国驻华科学考察团团长、剑桥大学教授李约瑟参观浙江大学理学院数学系，誉其为“东方剑桥”。同年，获国家学术奖励金自然科学一等奖，得奖金一万元。

一九四三年二月，与钱宝琮发起成立湄江吟社。

一九四五年十月，以接收委员的身份赴台接收台湾大学，任理学院代理院长，于一九四六年三月途经杭州浙江大学分校，返回贵州湄潭。

一九四六年五月，随浙江大学从湄潭举家迁回杭州，继续担任数学系主任；同年，出版专著《射影曲面概论》。

一九四七年十月，在任浙江大学教授会主席期间，为抗议反动当局杀害学生运动领导人之一于子三的暴行，发动全校教师罢教一天。

一九四八年九月，当选为中央研究院院士、中央研究院评议会评议员，成为民国时期唯一囊括各类高层次学术荣誉的科学家；十月，《微分几何学》一书由正中书局出版。

一九四九年四月二十三日，浙江大学成立应变委员会，严仁赓任主席，苏步青任副主席；七月，应党中央邀请，赴京参加全国自然科学工作者代表会议筹备会，应中央领导邀请在中南海参加科学家座谈会；八月，任浙江大学校务委员会委员，任中华全国自然科学工作者代表会议筹备会浙江省分会主任。

一九五〇年八月，被推举为浙江省第一次各界人民代表会议代表，当选为协商委员会委员。赴北京参加全国自然科学工作者代表会议。毛泽东主席接见全体代表；九月，任浙江大学教务长。

一九五一年七月，主持筹建中国科学院数学研究所；八月，任中国数学会理事；九月，在浙江大学加入中国民主同盟。

一九五二年十月，因全国高等院校院系调整，到复旦大学数学系任教授、系主任。

一九五三年二月，任复旦大学教务长；四月，任中国数学会上海分会第二届理事会理事长；九月七日，在中国数学会学术讨论会上致闭幕辞。

一九五四年六月，任中国数学会上海分会第三届理事会理事长；八月，《射影曲线概论》一书中文版由中国科学院出版社出版；十二月，当选为第二届全国政治协商会议委员。

一九五五年，当选为中国科学院数学物理学部学部委员；十二月，参加以政务院副总理郭沫若为团长的科学代表团，赴日本进行学术考察。

一九五六年初春，在上海受到党和国家领导人的接见；九月，任复旦大学副校长；十二月，一般空间微分几何学和射影空间曲线论项目获一九五六年国家自然科学奖二等奖。任中国数学会上海分会第四届理事会理事长。

一九五八年五月，当选为民盟上海市第四届委员会副主任委员；七月，应邀赴罗马尼亚、匈牙利讲学，并访问苏联；八月，《一般空间的微分几何学》一书由科学出版社出版。参加《辞海》编纂工作，任副主编；十月，任复旦大学数学研究所所长；十二月，当选为民盟第三届中央委员会委员。

一九五九年三月，经复旦大学党委批准，成为中国共产党党员；四月，当选为第二届全国人大代表。

一九六〇年二月二十四日，中国数学会第二次全国代表大会在上海召开，代表中国数学会理事会致闭幕辞；三月，任中国数学会第二届理事会副理事长。

一九六一年四月，中央领导人在上海接见周谷城、苏步青、谈家桢、周信芳等人；五月，当选为民盟上海市第五届委员会副主任委员；六月，访问温州市，在温州中学向学生做关于学习的报告，谷超豪同行；十二月，《现代微分几何学概论》一书由上海科学技术出版社出版。

一九六三年春节，党和国家领导人参加上海市科学技术工作会议，其间接见苏步青和他的学生谷超豪。

一九六四年四月，《高等几何讲义》一书由上海科学技术出版社出版；十月，《射影曲面概论》一书由上海科学技术出版社出版；十二月，当选为第三届全国人大代表。当选为民盟上海市第六届委员会副主任委员。

一九六六年，作为“资产阶级反动学术权威”被批斗和抄家，接受监督和劳动改造。

一九六八年十月，根据党中央有关指示，获得初步解放。后在复旦大学“理科大批判组”翻译有关数学资料。

一九七二年七月，被下放到上海江南造船厂，参与船体数学放样的研究工作，用三年左右时间编写出《样条拟合译文选》等资料。

一九七五年十二月，突发脑血栓病，造成肢体动作障碍。经过半年多的休养、治疗，恢复行动能力。

一九七六年一月，回复旦大学数学系。

一九七七年二月，《曲线与曲面》一书（与华宣积、忻元龙合编）由科学出版社出版；八月，作为党中央邀请的全国三十多位著名人士之一到北京参加科学和教育工作座谈会，会上苏步青建议恢复大学招生制度和研究生培养制度等；十月，以民盟上海市委员会副主任委员身份主持上海市民盟工作。

一九七八年三月，当选为第五届全国人大代表、常务委员会委员。船体数学放样项目获全国科学大会科学奖；四月，任复旦大学校长；六月，《射影共轭网概论》一书由上海科学技术出版社出版；十二月，当选第七届上海市人民代表大会常务委员会副主任。

一九七九年三月，任中国数学会第三届理事会副理事长；六月，率上海科学代表团访问日本大阪等城市；十月，当选为第四届民盟中央委员会副主席、中央参议委员会主任委员。《微分几何五讲》一书中文版由上海科学技术出版社出版；十二月二十九日，任第七届上海市人大常委会副主任。

一九八〇年三月，创办《数学年刊》，并担任主编；五月，在上海主持召开第一届国家教委直属高等院校应用数学学术和工作会议，后历任各次会议的顾问；七月《微分几何五讲》一书英译本由新加坡世界科学出版社出版。

一九八一年一月，《计算几何》（与刘鼎元合著）一书中文版由上海科学技术出版社出版；四月，任上海市数学会第四届理事会名誉理事长。

一九八二年一月，成立并领导了全国计算几何协作组；二月《计算几何》一书获一九八二年全国优秀科技图书奖；六月，访问法国、比利时，代表复旦大学与有关研究所、大学签订合作交流协议。《仿射微分几何》一书中文版由科学出版社出版。

一九八三年三月，任全国人大教科文卫委员会副主任、复旦大学名誉校长。主编的《数学年刊》（英文版）创刊号，由上海科学技术文献出版社出版；四月，率中国数学会代表团应邀参加在日本广岛举行的日本数学会年会，做题为“微分几何学在中国的成长和发展”的演讲；六月，当选为第六届全国人大代表、常务委员会委员；十月，任中国数学会名誉理事长；十二月，当选民盟第五届中央委员会副主席。《苏步青数学论文选集》（英文版）一书由科学出版社（中国）和高登与伯利奇科学出版社（美国）联合出版。

一九八四年六月，任中国对外文化友好协会上海分会会长；十一月，赴日本接受创价大学名誉博士学位，并在该校作了有关中国古代数学史的演讲；十二月三十一日，被浙江省政府聘为温州大学名誉校长。

一九八五年一月，为上海市中学数学教师举办第二期讲习班，题目为“拓扑学初步”；二月，任上海应用数学咨询开发中心顾问；四月，任上海市数学会第五届理事会名誉理事长；五月，“计算机辅助几何设计”“曲线法船体线型设计程序系统”项目获国家科技进步奖二等奖；十二月六日，中国数学会五十周年年会在上海复旦大学举行，在开幕式上作“五十年间的回顾及今后的展望”的报告。

一九八六年，获国家科学进步奖；三月，《初等微分几何》（与刘鼎元合著）一书由上海科学技术出版社出版；五月，《拓扑学初步》一书由复旦大学出版社出版；六月，任上海市对外文化交流协会会长；十一月，《实用微分几何引论》（与华宣积、忻元龙合著）一书由科学出版社出版。

一九八七年九月，任上海市中小学幼儿教师奖励基金会副理事长；九月十三日，回故乡温州市、平阳县，看望故乡的中学和小学领导与师生；十一月，为上海市中学数学教师举办第三期讲习班，题目为“高等几何讲义”。被北京师范大学聘任为名誉教授。

一九八八年二月，当选第七届全国人大代表。应泰国国会邀请，作为全国人大常委会代表团成员访问泰国；四月，任中国人民政治协商会议第七届全国委员会副主席；十月，任民盟中央参议委员会主任委员；十二月，应日中友好协会邀请访问日本。

一九八九年九月，出席上海市工业与应用数学学会成立大会。《计算几何》（英译本）由美国科学出版社出版。

一九九〇年三月，赴杭州参加浙江大学举办的“竺可桢一百周年诞辰纪念大会”，并在会上讲话；十一月，全国工业与应用数学学会成立，任顾问。

一九九一年四月，中共中央统战部、中国民主同盟在北京为苏步青举行归国执教六十周年纪念会；九月，苏步青回国执教六十周年暨九十华诞庆贺会在上海锦江饭店举行。《苏步青文选》出版，国家领导人为该书题词：“弘扬科学精神，振兴中华民族。”该书首发式在杭州举行。为了发展中国的基础教育事业，表达对苏步青毕生致力于数学教育事业的敬意，项武义、谢婉贞、谷超豪、胡和生发起设立“苏步青数学教育奖”。项、谢首先捐赠资金；十一月，出席中国科学院学部委员会增选大会。《高等几何学五讲》一书由上海教育出版社出版。

一九九二年九月，出席在上海举行的第一届“苏步青数学教育奖”颁奖仪式，并为获奖者颁奖。

一九九三年三月，当选为第八届全国政治协商会议副主席；六月，日本天皇通过日本政府授予苏步青二等瑞宝勋章。

一九九四年九月，出席在复旦大学举行的第二届“苏步青数学教育奖”颁奖仪式，并为获奖者颁奖；十二月，《苏步青业余诗词钞》线装本出版。

一九九五年九月，在由中央部委干部局、中央电视台等三十一个单位联合举办的一九九五年幸运老人大奖赛中，获中国“幸运老人特别奖”；

十一月，出席中国科学院院士增选大会。

一九九六年八月，第三届“苏步青数学教育奖”的奖励对象扩大到七省市。

一九九七年九月，在上海出席归国执教六十五周年庆祝会。徐匡迪市长等到会祝贺；十月，任民盟第八届中央委员会名誉主席。

一九九八年九月，获何梁何利基金科学与技术成就奖，并把一百万港元的奖金全部捐给教育事业，作为“苏步青数学教育奖”基金以及复旦大学数学系（所）优秀师生奖励基金。经教育部同意，“苏步青数学教育奖”从一九九九年开始推向全国；十月，党中央领导前往华东医院看望苏步青。

一九九九年七月，因风寒引发内脏多器官并发症状，经华东医院医护人员大力抢救，终于转危为安。其间，党和国家领导人批示医院全力抢救，上海市委、市府领导及复旦大学党政领导多次到医院看望、慰问；十月，辞去《数学年刊》主编，改任名誉主编。第四届“苏步青数学教育奖”颁奖仪式在复旦大学举行。

二〇〇〇年三月，国务院总理到华东医院看望苏步青。

二〇〇一年六月，国务院副总理到华东医院看望苏步青；九月，苏步青教授百岁华诞暨回国执教七十周年庆贺大会在复旦大学举行。中共中央统战部常务副部长刘延东、国家教育部部长陈至立等出席并讲话。《文章道德仰高风——庆贺苏步青教授百岁华诞文集》由复旦大学出版社出版。《苏步青数学论文全集》（三卷本）由高等教育出版社出版；十月，第五届“苏步青数学教育奖”颁奖仪式在温州大学举行。

二〇〇二年十二月，任民盟第九届中央委员会名誉主席。

二〇〇三年一月，任浙江大学数学中心名誉主任；三月十七日十六时四十五分十三秒，在上海逝世，享年一百零一岁；三月二十四日，苏步青同志遗体在沪火化。全国政协副主席王忠禹参加了苏步青同志遗体告别仪式。

苏步青部分论著目录

[1] 苏步青.射影曲线概论. 北京：中国科学院出版社，1954.

[2] 苏步青.一般空间的微分几何学.北京：科学出版社，1958.

[3] 苏步青.射影曲面概论.上海：上海科学技术出版社，1964.

[4] 苏步青.射影共轭网概论.上海：上海科学技术出版社，1978.

[5] 苏步青.微分几何五讲.上海：上海科学技术出版社，1979.（英译本：*Lectures on Differential Geometry.* World Scientific Pub- fishers，Singapore， 1980.）

[6] 苏步青，胡和生，沈纯理，潘养廉，张国樑.微分几何.北京：人民教育出版社，1980.

[7] 苏步青，刘鼎元.计算几何.上海：上海科学技术出版社，1981.（英译本：Su Bu- qing and Liu Ding-yuan， Translated by Chang Geng-zhe. *Computional Geometry-curve and Surface Modeling*， Academic Press，Inc， 1989.）

[8] 苏步青.仿射微分几何.北京：科学出版社，1982.（英译本：*Affine Differential Geometry.* Science Press， Beijing， China. Gor- don and Breach Science Publishers， Inc， New York， USA， 1983.）

［9］苏步青，华宣积，忻元龙.实用微分几何引论，北京：科学出版社，1986.

［10］苏步青原著，姜国英改写.微分几何学（新一版）.北京：高等教育出版社，1988.

［11］苏步青.高等几何学五讲.上海：上海教育出版社，1991.

［12］苏步青.苏步青数学论文全集（三卷）.北京：高等教育出版社，2001.

［13］苏步青.微分几何学.正中书局出版，1948.

［14］苏步青.现代微分几何学概论.上海：上海科学技术出版社，1961.

［15］苏步青.高等几何讲义.上海：上海科学技术出版社，1964.

［16］苏步青，华宣积，忻元龙.曲线与曲面.北京：科学出版社，1977.

［17］苏步青，刘鼎元.初等微分几何.上海：上海科学技术出版社，1986.

［18］苏步青.拓扑学初步.上海：复旦大学出版社，1986.

［19］苏步青.苏步青文选.杭州：浙江科学技术出版社，1991.

参考书目

1.王增藩：《科学巨匠苏步青》，河北教育出版社，2000.1.

2.王增藩：《我给苏步青当秘书》，人民日报出版社，2011.1.

3.王增藩：《苏步青传》，复旦大学出版社，2005.5.

4.苏步青：《苏步青业余诗词钞》，北京群言出版社，2015.9.

5.苏步青：《神奇的符号》，江苏人民出版社，2008.5.

6.贵州省遵义地区地方志编纂委员会：《浙江大学在遵义》，浙江大学出版社，1990.2.

7.谷超豪，胡和生，李大潜：《文章道德仰高风》，复旦大学出版社，2001.9.

8.张文：《苏步青的故事——小溪》，光明日报出版社，2006.12.

9.陈红晓：《无怨无悔——传奇苏步青》，新世界出版社，2017.8.

10.平阳县教育局：《苏步青与平阳教育》，浙江人民出版社，2012.9.

11.李建臣：《东方第一几何学家》，华中科技大学出版社，2020.10.

后 记

写完《苏步青与平阳》书稿，又通读了一遍，心中充满欢乐，多年的愿望初步实现了。

著名数学家、教育家、社会活动家苏步青是平阳腾蛟走出的一位世界大师，笔者自二〇一二年参与创建苏步青励志教育馆以来，便深深地被苏步青的精神所折服。苏步青的一生，为我们树立了一个政治与业务相结合、教学与科研相结合、理论与实际相结合、文与理相结合、言与行相结合的光辉典范。

二〇一六年，在民盟领袖苏步青的烛光映照下，我光荣地加入民盟这一大家庭，同时也酝酿了为苏步青与平阳的种种事迹写书的设想，但苦于精力不足，工作繁忙。既然没有“整匹布”可用，何不学苏老巧用“零头布”呢！苏老的精神时时激励我，终于把写作摆到议事日程上来。三年前，我抓紧一切零碎时间，开始整理材料，每日笔耕不辍，终于聚沙成塔，才有了今天的成果。值此苏步青一百二十周年诞辰来临之际，为了深切缅怀苏步青，我县特出版《苏步青与平阳》一书。在编辑出版过程中，温州博物馆研究馆员高启新百忙中挤时间为本书编撰工作给予全程指导和帮助，特别是他不断地给笔者精神上的鼓励，尤为难能可贵；原国家广播电影电视总局副总编辑、总局发展研究中心主任黄勇，原平阳县文化和广电旅游体育局局长王扎艇热忱平阳文化事业的发展，欣然为该书写序；县委宣传部、民盟平阳基层委及腾蛟镇政府给予了经费支持，促成书稿早日出版；平阳县档案馆、平阳县图书馆、平阳县教育局、平阳二中、平阳县小等提供了苏步青的有关文章、回忆录、题词、信函、照片等珍贵资料；全国各地许多报刊记者、社会人士撰写发表的大量报道苏步青的文章，为本书的写作提供了翔实的资料。在《苏步青与平阳》即将付梓之时，一并向诸位表示衷心的感激。

因时间仓促和限于水平，在编辑过程中难免存在着不少遗漏和不足之处，敬请专家、读者指正。

“当今世界，弱肉强食，世界列强依仗船坚炮利，都想蚕食瓜分中国。中华亡国灭种的危险迫在眉睫，振兴科学，发展实业，救亡图存，在此一举。‘天下兴亡，匹夫有责’，在座的每位同学都有责任。”这是苏步青读初中三年级时老师在课堂上讲的一席话，正是这一席话，改变了苏步青的命运。

苏老执着地追求和坚持真理，他热爱祖国、热爱人民、热爱教育和科学事业，毕生献身教育和科学的精神，他实事求是、耿直豁达、坚忍不拔、持之以恒、敬业爱生的品格，是激励我们发展二十一世纪教育和科学事业珍贵的财富。

——路甬祥

一九三一年，苏教授在美丽的杭州城担任国立浙江大学数学教授。他创立了一个微分几何学派，培养出许多优秀的学生，其中有熊全治、张素诚、杨忠道、谷超豪和胡和生等。

——陈省身

苏步青先生一生光明磊落，实事求是，谦虚谨慎，生活简朴，无愧为知识分子的楷模。胸怀大志弃浮躁，不计较个人得失，能够静下心来搞研究。

——李大潜

东方第一几何学家。

——德国数学家 W.Blaschke

苏步青将自己的毕生精力无私地奉献给了人民的教育事业，为祖国培养了一大批优秀的数学人才，包括多名中国科学院院士，不愧为一代数学宗师，深受人们包括很多国际友人的崇敬和爱戴。

——中国科学网

图书在版编目（CIP）数据

苏步青与平阳 / 罗祖雄编著 . -- 上海 : 文汇出版社 , 2022.9

ISBN 978-7-5496-3719-5

Ⅰ . ①苏… Ⅱ . ①罗… Ⅲ . ①随笔—作品集—中国—当代 Ⅳ . ① I267.1

中国版本图书馆 CIP 数据核字（2022）第 027891 号

苏步青与平阳

——纪念苏步青诞辰 120 周年

编　　著 / 罗祖雄
责任编辑 / 鲍广丽
装帧设计 / 浙江金瓯传媒有限公司

出 版 人 / 周伯军

出版发行 / 文匯出版社
　　　　　上海市威海路 755 号（邮政编码 200041）
印刷装订 / 上海颛辉印刷厂有限公司
经　　销 / 全国新华书店
版　　次 / 2022 年 9 月第 1 版
印　　次 / 2022 年 9 月第 1 次印刷
开　　本 / 787 × 1092　1/16
字　　数 / 250 千字
印　　张 / 16
彩　　插 / 8 页

ISBN 978-7-5496-3719-5
定　　价 / 88.00 元